媒体融合视角下的电视媒体及其文化发展研究

冯 威◎著

吉林科学技术出版社

图书在版编目（CIP）数据

媒体融合视角下的电视媒体及其文化发展研究 / 冯威著 . — 长春 : 吉林科学技术出版社 , 2021.10
ISBN 978-7-5578-8166-5

Ⅰ . ①媒… Ⅱ .①冯… Ⅲ .①电视－传播媒介－文化发展－研究－中国 Ⅳ .① G229.2

中国版本图书馆 CIP 数据核字 (2021) 第 102579 号

媒体融合视角下的电视媒体及其文化发展研究

著　　　冯　威
出 版 人　宛　霞
责任编辑　张延明
封面设计　李宁宁
制　　版　李宁宁
开　　本　170mm×240mm　16
字　　数　191 千字
印　　张　10.625
印　　数　1—1500 册
版　　次　2021 年 10 月第 1 版
印　　次　2022 年 5 月第 2 次印刷

出　　版　吉林科学技术出版社
发　　行　吉林科学技术出版社
地　　址　长春市福祉大路5788 号
邮　　编　130118
发行部电话 / 传真　0431-81629529 81629530 81629531
　　　　　　　　　　81629532 81629533 82629534
储运部电话　0431-86059116
编辑部电话　0431-81629518
印　　刷　保定市铭泰达印刷有限公司

书　　号　ISBN 978-7-5578-8166-5
定　　价　40.00元
如有印装质量问题可寄出版社调换

前　言

媒介融合最早由美国麻省理工学院教授伊契尔·索勒·浦尔（Ithiel De Sola Poo）提出。Pool 在 1983 年出版的《自由的科技》（Technologies of Free-dom）中，首次提出了"形态融合（convergence of modes）"的概念，认为数字技术的发展导致报纸、广播电视以及电信业的边界慢慢消失，各种媒体呈现出多功能一体化的趋势。美国新闻学会媒介研究中心主任 Andrew Nachison 是这样定义媒介融合的："印刷的、音频的、视频的、互动性数字媒体组织之间的战略的、操作的、文化的联盟。"美国西北大学李奇·高登教授提出了"五种融合说"，即："所有权融合、策略性融合、结构性融合、信息采集融合、新闻表达融合"。20 世纪 90 年代，媒介融合的观点传入我国。1999 年，我国学者崔保国在《技术创新与媒介变革》一书中，对媒介融合做了较为详尽的介绍。①2000 年在我国翻译出版的托马斯·鲍德温等人的著作《大汇流——整合媒介信息与传播》，该书非常明确地指出了以往以自身为主的电信业、有线电视广播业，以及计算机工业，它们将融合成一路，形成一种新的整合宽带系统（broadband communication system）。②

麦克卢汉认为："每一种新的媒介产生，都开创了人类感知和认识世界的方式，也改变了人与人之间的关系，并创造出新的社会行为类型。"③智能手机的问世改变了传统传媒市场格局，使受众接受信息便携化、实时化、随机化、多媒体化，反馈互动更加方便快捷，传播主体与接收主体的交互性更强，有效突破了信息接收的时空限制。传媒技术与移动通信技术的结合使移动通信用户群转变为社会信息传播的受众群，传统媒体以及网络等新媒体积极开发基于手机传播平台的新业务形态，争取夺得手机市场发展先机。

2014 年 5 月 28 日，中国广播电视网络有限公司挂牌，标志着我国在"三网"融合的道路上迈出了实质性的一步。2014 年 8 月 18 日，中央全面深化改

---

① 崔保国.技术创新与媒介变革 [M].南京：南京师范大学出版社.1999:201.

② ［美］托马斯·鲍德温，史蒂文森·麦克沃依，查尔斯·斯坦菲尔德.大汇流——整合媒介信息与传播 [M].

③ 龙耘，官希明，译.北京：华夏出版社，2000:15.

1

革领导小组第四次会议审议通过了《关于推动传统媒体和新兴媒体融合发展的指导意见》。中央全面深化改革领导小组组长习近平强调，推动传统媒体和新兴媒体融合发展，要遵循新闻传播规律和新兴媒体发展规律，强化互联网思维，坚持传统媒体和新兴媒体优势互补、一体发展，以坚持先进技术为支撑，以内容建设为根本，推动传统媒体和新兴媒体在内容、渠道、平台、经营、管理等方面的深度融合，着力打造一批形态多样、手段先进、具有竞争力的新型主流媒体，建成几家拥有强大实力和传播力、公信力、影响力的新型媒体集团，形成立体多样、融合发展的现代传播体系。要一手抓融合，一手抓管理，确保融合发展沿着正确方向推进。① 根据《深化党和国家机构改革方案》，中央电视台（中国国际电视台）、中央人民广播电台、中国国际广播电台 2018 年 3 月合并组建为中央广播电视总台，开启了我国传统媒体融合发展新篇章。2018 年 8 月 21 日习近平总书记在全国宣传思想工作会议上指出，要扎实抓好县级融媒体中心建设，更好引导群众、服务群众。媒体融合已经成为当代媒体发展的主流趋势。

电视媒体作为传统主流媒体，是我国意识形态传播的主阵地，是党和人民的耳目喉舌，是传播社会主义先进文化、弘扬社会主义核心价值观的重要平台。"习近平同志指出，一定要把核心技术掌握在自己手中。要加快传统媒体和新兴媒体融合发展，充分运用新技术、新应用创新媒体传播方式，占领信息传播制高点。"② 在新媒体技术引领信息消费新方式的背景下，以电视为代表的传统媒体如何积极吸收新的媒体技术创新业务内容，如何借鉴网络等新媒体成功传播经验、经营模式，积极转变观念适应受众信息接收和消费的需要，是学界和业界当前研究的重要课题。电视是视听结合的艺术，在当下图像化、视频化信息传播模式下，以视听语言为主要信息传播手段的电视媒体有着天然的优势，探索融媒体发展创新，有利于我国主流意识形态及文化的传播，也有利于我国积极健康文化的建构和传播。

本书缘起于对当前电视媒体发展前景的思考。在融媒时代，对电视唱衰的声音不绝于耳，而实际上，电视媒体仍然是当前我国最为强势的媒体之一，无论是在传媒市场还是在传媒文化建设中都举足轻重。面对媒体技术的发展和传播模式的改变，电视媒体正在加速转型以适应时代的需求，加强网络电视的建设和开发，与受众互动模式多样化，积极与其他媒介形态合作，建立融合的媒介平台。在内容为王的时代，电视媒体有着先天的优势，无论是在

---

① 郭庆光 . 传播学教程 [M]. 北京：中国人民大学出版社，2012：119.
② 推动传统媒体和新兴媒体融合发展 [EB/OL]. 人民网 .[2014-08-18]. http://media.people.com.cn/GB/22114/387950/.

人才还是产品制作方面都居于领先地位，也正因如此，其发展空间巨大。对其融合发展前景、融合发展实务、融合发展价值、融合发展模式以及融合发展中的文化建设的探讨，有利于我们从动态研究的角度看待电视媒体的发展变化，洞悉现代传媒规律。

目　录

第一章　电视媒体的融合发展

随着媒介环境发生重大变化，媒介融合（media convergence）成为近年来传媒界一个热点议题，但是关于媒介融合的概念依然众说纷纭。一般而言，媒介融合可以分为三个层面上的融合：其一，物质层面上的融合。这是媒介融合的基础，物质层面就是指传播介质，比如报纸和互联网融合产生了电子报和新闻 app 客户端，传统广播和互联网的融合产生了网络广播。其二，操作层面上的融合。操作层面包括新闻从业人员的综合技能以及媒介的经营和管理两个方面，一方面新闻从业人员需要掌握全面的专业技能以适应各种媒介的需要，另一方面不同的媒介也要相应地调整自己的经营管理模式。其三，理念层面的融合。这主要是针对业界学界对传统媒体和新媒体分野的普遍观点来说的，过去人们认为传统媒体和新媒体互相区别、互不相容，而媒介融合的深入发展对传统意识观念的改变起到了重要作用。媒体融合时代，电视媒体虽然具有其他很多媒体无法比拟的优势，但随着网络视频的发展，逐渐出现广告量下滑、收视率降低的趋势。目前很多电视台已经意识到转型势在必行，积极进行多媒体融合和大数据建设。电视媒体主要通过与网站合作、依靠数字技术收集受众信息等方式参与其中。"目前，数字电视收视率可以通过数字机顶盒实时记录电视家庭户的频道及广告收视、电视互动服务使用的情况，从而形成了实时的海量数据流，通过回传通道传给位于前端的汇总服务器。"①

第一节　技术变革下的电视媒体

对于电视媒体来说，融媒时代的数字技术、通信技术等正在改变其发展面貌，通过对新型技术的应用，在媒体生产、节目定位、受众测量等方面体现出新的变革。

---

① 赵晶，徐喆.大数据时代：媒体的发展现状及其趋势 [J].今传媒，2013,21（9）:47-50.

一、节目生产变革

"网络化的媒体将受众的各种信息数据都暴露在网络之上，互联互通的网络上积累了海量的、实时更新的、可互动沟通的受众数据，形成了一座由需求信息聚集而成的'金矿'，大数据技术让这个金矿的开采得以进行。"① 上述数据被有效地记录、监测和交互分析，可以为传播方准确了解受众并把握受众的需求。媒介的生产决策与之前相比，建立于更为科学的"用数据说话"的基础之上，促成生产与需求的良好匹配。"以前的数据分析系统，只能促使分析报告回答'发生了什么事'，而现在一个优秀的大数据系统可以回答'为什么会发生这种事'，而且一些关联数据库还可以预言'将要发生什么事'，最终发展为非常活跃的数据仓库，判断'你（用户）想要什么事发生'。"② 在内容生产与传播的过程中，传播方通过对数据的深入挖掘和关联分析，可探知与捕获受众的潜在需求，进行市场预判，根据预判抢先开发出产品，以赢得市场先机，不但切实降低了生产投入的风险，也获得了预期的利润。

依托于大数据，全球最大的付费在线视频服务商奈飞公司（Netflix）打造的电视剧《纸牌屋》（《House of Cards》），其成功从一开始或许就已经注定。Netflix 为《纸牌屋》豪掷上亿美金，流媒体服务提供商进行电视剧的原创，这样的跨界大规模投资预测具有极大的风险。但是大手笔投入的底气正是来自其前期的用户数据积累，《纸牌屋》成为第一部在创作阶段使用了"大数据"算法的电视剧。③Netflix 成立于 1997 年，在全球拥有 3300 多万订阅用户。Netflix 订阅用户每天的播放行为、播放需求和偏好，这些看似枯燥的行为和长篇累牍的数据，记录了用户对视频内容的口味。在创作《纸牌屋》之前，Netflix 根据大数据技术推导出可以受受众欢迎的导演和演员，根据 1990 年 BBC 电视剧《纸牌屋》的观众调查，导演大卫·芬奇（David Fincher）和奥斯卡得主男演员凯文·史派西（Kevin Spacey）的粉丝还将继续拥有巨大的粉丝量，于是以此搭配组合的美版《纸牌屋》上线生产。2013 年 2 月，该剧一亮相即高居榜首，成为美国及 40 多个国家最热门在线剧集，观众人数和总观看时长两项指标，都位于前列。《纸牌屋》是大数据支撑"预判式"决策的典型个案，使得生产决策更为智能和科学，有效减少了盲目性和失误几率。

由印度知名宝莱坞明星阿米尔·汗（Aamir Khan）主持的一档脱口秀节目《真相访谈（Satyanmev Jayate），自 2012 年 5 月 6 日在 STARPLUS 频道播

---

① 黄升民、刘珊. 大数据背景下营销体系的解构和重构 [J]. 现代传播：中国传媒大学学报, 2012, 34（11）:13-20.

② 胡络绎. 大数据, 让营销更准确 [J]. 软件工程师, 2013（Z1）:95-98.

③ 樊宇. 大数据时代, 你准备好了吗 [N]. 中国证券报, 2013-03-30：Z08.

出，成为全球收视率最高的电视节目之一，每期话题更是跻身 Twitter 排行榜。除去 Khan 的明星效应，《真相访谈》栏目之所以火爆主要是因为它谈话所涉及的内容，包含堕胎、种族歧视、虐待儿童以及医学实验等社会大众所关心的话题。栏目通过运用自动化分析系统 Persistent System，大数据搜集网络上与节目话题的相关信息，确定大众的兴趣点所在，并对其进行分类标签和评分，成功地将每周数百万的信息转变为对节目话题的排序和遴选。①

我国的一些电视媒体已经开始利用大数据分析系统，作出一些节目生产上的尝试。"东方卫视美食真人秀节目《顶级厨师》播出之后，发现选手挑战的菜品往往会迅速在微博、百度、大众点评网等网络媒体上蹿红。于是，东方卫视基于观众的网络行为数据与爱奇艺开展了合作，爱奇艺负责汇总分析网民关注的主题，东方卫视负责将该主题转化为电视节目，如：通过分析网民搜索的美食关键词，两家联合推出了《美食料理》《大师课堂》等节目，邀请明星大厨向观众展示诸如'炉烤羊排配腰果奶香汁'等精品或家常菜肴；而通过汇总大众点评网上的评论信息、分析观众喜爱的用餐环境，又相应推出《城市榜单》，由节目组遍访大街小巷寻找美食店面。两家媒体借助数据分析准确地抓住了用户需求，为观众带来了全媒体时代的生活服务类视频节目。"② 浙江卫视的《中国好声音》也是利用了网络的大数据进行精准的定位和传播。节目利用观众对某些节目学员的关注，在网络发起了学员背景、绯闻等话题讨论，在网上引发了大量的争议，后台数据资料非常丰富，爱奇艺、百度搜索和浙江卫视的数据平台不断挖掘观众感兴趣的问题，从而拓展了服务节目的内容和播放效果。

二、节目定位变革

大数据的分享和挖掘，给电视的精确营销带来契机——集合线上线下的数据对受众全方位洞察的基础上，以数据驱动方式来推荐适当的内容产品与推送广告，实施精耕细作式的定向营销，以此有效提升受众的良好体验和满意度。准确定位是基础，需要有精确的要求，与客户资源有效衔接，可以充分利用客户数据库。数据采集与统计包括了解受众对节目内容的接触频次、态度与评价、行为轨迹等方面的数据，甚而细化到受众按下的快进、暂停精细化数据。数据采集的目的是充分了解受众的兴趣点和喜好，"建立起受众收看习惯和口味偏好的强大数据库，为受众筛选出最适合的内容，再加以针对

---

① Sunny. 大数据的力量：印度《真相访谈》成功背后 [DB/OL].[2012-08-13].http://cloud.yesky.com/137/33313637.shtml.

② 傅琼. 大数据能为电视媒体带来什么 [J]. 青年记者,2013（34）:63-64.

性推荐；还可打造个性化的推荐栏，智能展示符合受众兴趣偏好的内容产品，帮助其更快捷、方便地找到所需内容。"[1] 有了大数据分析，在今后的五年内，多达 75% 的机顶盒将记录下用户的收视内容偏好并提供直接、实时的收视数据，结合个性化的节目定制，可以带来更好的观看体验和推送效果。

如今一些网络媒体在广告数据挖掘和分析上走在前面。如"爱奇艺根据百度的搜索数据，发现网民对 100 种家常菜做法的日搜索量达到 16 万次，相当于一部热播电视剧的搜索量，而满足这种需求的现有资源却非常稀少。爱奇艺于是在其网站推出一档《美食美课》节目，针对网民的搜索共摄制了 100 集，每集 2 分钟，简明讲解一道家常菜的做法。在反馈的数据中，爱奇艺发现未做任何推广的 iPad 端带来了全部流量的 20%，间接证明该档节目已经被用户带入厨房、边看边学，这一数据也被众多食品、家电客户青睐，为爱奇艺赢得了家乐浓汤宝、飞利浦等多单冠名赞助。"[2] "精准的数据挖掘和分析技术还可以层层过滤，寻找出广告商品真正的目标消费群体，为广告传播的精准定向和智能匹配提供可能，促成更有关联的广告投放和锁定式营销。"[3] 美国著名广告营销公司 Simulmedia 通过与尼尔森、MRI（从事电视观众调查服务）、Kantar（全球领先的信息资讯公司）等机构的合作，架构起覆盖 50 余万美国电视观众的收视数据库平台，准确地跟踪、测量观众的电视收看行为，在此基础上有的放矢推送与观众更相关的电视广告。Simulmedia 的"定位打靶"技术讲求以更低的成本、更精准的到达，拧干部分对象"广而告之"中的"水分"，摆脱传统广告沟通的高成本弊端。

三、受众观念变革

受众测量的目的是为媒体价值评估提供一个标准化的结论，以及为媒体与广告主的交易提供通行标准或度量衡。当下针对电视内容的多平台流动、多终端收视格局以及受众结构的碎片化等新态势，传统的家庭户样本抽样和单一的电视收视率数据已呈现无法回避的滞后性与局限性，测量的信度、精度和代表性方面都迎来颠覆式的改变。大数据的出现，无疑给受众测量的技术、方法带来新的变化以及革新的可能性。依托大数据的采集、分析和模型构建，全方位、大样本（或全样本）的受众调查和多屏同源监测已非遥不可及，各平台打通分析、跨屏整合评测的新方法、新体系正逐一亮相。

尼尔森旗下的专业数据服务公司——尼尔森网联，依靠全球最新的 RPD

① 刘志芳 . 精确营销对品牌价值提升的机理研究 [D]. 河北大学 ,2010:11.
② 傅琼 . 大数据能为电视媒体带来什么 [J]. 青年记者 ,2013（34）:63-64.
③ 周云倩 . 大数据时代的电视变局与因应之道 [J]. 中国电视 ,2013（9）:90-93.

技术、HPT 技术与 "WatehBox" 测量仪相结合，从根本上解决了传统的小样本收视调查所产生的一系列问题，在海量监测模式下，不仅全面掌握了用户对数字电视的收看、业务使用、广告接触、心理态度的信息数据，同时结合电视、互联网等媒体特色，建立全媒体环境下的新型电视媒体关联指标和模型，进行全方位的实时测量[①]；日本视频研究公司新开辟了 "媒介融合类数据" 的全新产品，"媒介融合类数据" 服务可以 "将网络电视、公共视听载体、手机电视、移动广播电视等新媒体的收视率数据与传统媒体收视率数据汇总，做出跨媒体融合收视率报告出售给客户"[②]。值得关注的是，大数据技术还有利于解决业内长期存在的受众广告接触的测量难题，为广告效果的量化分析提供支持。国内第三方广告监测效果评估公司 "秒针"，将云计算、云存储和人工智能技术三大核心技术应用于数字化广告评估和优化领域，其创新研发出 MixReach 数据平台，通过有效的数据采集和受众洞察系统，实现对跨屏（电视、网络视频、公交电视、移动电视等）广告效果的追踪以及优化整合分析。

随着三网的加速融合，特别是受众多终端收视的形成，今后电视媒体除了提供传统业务数据和内容库数据，也因在新媒体终端运作同时产生海量的大数据，手机、电脑、机顶盒等各种终端手段都是精确的记录仪器。除了数据库技术和高效的数据存储设备之外，对传媒来说，高端的数据分析方法和使用体系成为核心竞争力。通过对数据的分类、管理以及整合，传播方能够对受众的时空情境、社会情境加以定位，并对其信息消费行为完整地予以呈现，并在理论上达到全样本实查和全程观测的效果。大数据提供了网络使用者的详细行为记录。对用户在各种平台各种行为中产生的数据进行整体连接并在此基础上进行挖掘与分析。[③]

第二节　电视媒体产业链发展

"每一次信息技术变革带来的都不止是用户体验的改变，商业模式的变革往往更为壮阔，带来的影响也更为长久。Web2.0 理念与技术带来了自媒体的发展，造就了 Youtube、Facebook、Twitter 等当今互联网宠儿。"[④]《大数据时

① 王薇 . 尼尔森网联，带领电视进入大数据时代 [J]. 媒介 ,2012（9）: 48-49.
② 吕岩梅，周菁，雷蔚真 . 发达国家收视率调查的基本格局、主要方法及监管机制研究 [J]. 东岳论丛 ,2011（8）: 102-108.
③ 雅楠 . 大数据时代的 "爆发" 论：上帝从不掷骰子 [DB/OL].[2012-09-11].https://tech.sina.com.cn/zl/post/detail/2012-09-11/pid_7603490.htm.
④ 潘洪涛 . 大数据时代广电新媒体的发展 [J]. 青年记者 ,2013（27）:21-23.

代》作者维克托·迈尔·舍恩伯格曾言及，"大数据的真实价值就像漂浮在海洋中的冰山，第一眼只能看到冰山的一角，绝大部分都隐藏在表面之下"。①大数据一撩起面纱，其价值就远比想象中来得真切。"大数据为美国的医疗服务业每年节省 3000 亿美元，为欧洲的公共部门管理每年节省 2500 亿欧元，为全球个人位置数据服务提供商贡献 1000 亿美元，帮助美国零售业净利润增长 60%，帮助制造业在产品开发、组装等环节节省 50% 的成本。"②电视业的大数据应用尚处于早期摸索阶段，然而由大数据所驱动的行业新动向已然显现，借力大数据创造价值的案例逐渐增多，其市场更有进一步扩大的趋势。

一、电视媒体产业的价值链

哈佛大学商学研究院教授迈克尔·波特认为，每一个企业的内外部的基本活动可以用一个价值链来表明。在大数据技术背景下，电视媒体从以往的内容播控平台，逐步转向多元化的应用服务平台，其内外部的价值创造过程通过大数据整合起来，实现内外价值链的贯通。电视的"用户体验"的好坏、优劣，将直接决定外部价值的实现。"美国体验管理学专家 Holbrook 将体验的动机总结为 4Es，即经历（Experience）、娱乐（Entertainment）、表现欲（Exhibitionism）与传递愉悦（Evangelising）。互联网的新媒体企业已经开始利用大数据技术了解用户的体验需求，并将分析结果融入产品设计、制作、传播的各个环节。电视媒体企业要了解用户的体验动机与体验需求，可以利用大数据契机，真正了解用户体验，提升用户使用的黏性。国内电视媒体应该积极建构与使用大数据 BI（Business Intelligence，商业智能）系统，实现企业内部的精细化运营。"③新媒体在这方面已经抢在前面，IPTV 运营商等已经在完善自身的大数据平台，将用户数据、内容数据、经营数据，进行深度整合，并利用数据挖掘找出运营的漏洞，提出一系列的解决策略。④电视媒体内外价值链的贯通需要利用大数据，将其内部决策与媒体外部环境有机整合起来，实现了内外部价值链的优化。

二、电视媒体产业的企业链

传统中的媒体企业链由内容生产、播放平台、传播周边企业（如广告商）等构成，它们之间的联系几乎是单向的。大数据技术的崛起改变了这样的单向电视媒体企业链，电视媒体的企业链面临重组。上面举例的《纸牌屋》作

① 田溯宁.大数据，改变经济改变生活 [N].新华日报,2013-02-19.
② 冯海超.大数据时代正在到来 [J].互联网周刊,2012（24）:36-38.
③ 洪涛.大数据时代广电新媒体的发展 [J].青年记者,2013（27）:21-23.
④ 潘洪涛.大数据时代广电新媒体的发展 [J].青年记者,2013（27）:21-23.

品的推出成功案例,为大数据环境中媒体企业转型发展提供了参考。《纸牌屋》透露出传媒运营形态与企业链重组的重要信息,即拥有用户行为大数据等同于拥有了关于用户的宝藏,并且能将这些大数据宝藏发掘出来就有可能获得巨大成功。用户市场情况下,用户的体验和需求是第一位的,所以,获得了用户的大数据者得天下,媒体内容制作也必须与之相契合。用户所做、所思、所想都是电视媒体的头等大事;媒体的增值服务商、媒体传播周边企业同样需要通过大数据企业去了解用户。电视媒体平台将不一定是电视产品内容提供的唯一终端,也并不一定只负责内容服务,也许可以实现跨界的产业链的融合,进行全方面的信息服务和产品服务。

三、电视媒体产业的供需链

目前电视媒体市场环境中,比较盛行以购买版权的方式制作一些流行的节目内容,尤其是选秀类节目,多购买国外版权。国内作品的原创性发展不足为此付出了巨大的代价。在版权市场中,也存在着种种制约。对一些优秀的版权节目,国外媒体掌握着绝对主动权,国内的电视媒体在版权购买的过程中议价权较弱,而且内容必须符合对方的严格要求,且购买版权购买多依靠经验法则,常常出现判断错误,付出了沉重的成本而没有取得相应的效果。经验法则不可靠,而大数据技术却可靠的多。进行收视率预测是大数据技术的应用方向之一,目前也已经有多种模型提供收视率的预测,这为我国电视媒体在版权市场上的操作有一定的指导性。传统电视收视率一直饱受诟病,大数据的应用也期待改善这个问题。第一,以往依赖单一样本数据,而现在利用大数据的收视分析,而且是收视总体数据,更加准确。"利用大数据进行的收视分析,即使修改了几百乃至几千或几万个数据,对于数据分析的最后结果几乎是没有影响的,这正体现了大数据在反映用户行为方面的天然优势之一。"[①] 第二,利用大数据的收视分析,在操作上更为科学。传统的收视分析,是一种统计结果的描述,涉及的分析较少,原理不够严谨;而大数据的收视分析将更贴近实际情况,加重视收视数据的分析与数据的挖掘,逻辑更加严密。

第三节　电视媒体融合发展路径

从以上可知,大数据已经给电视媒体的生产乃至整个电视产业带来了深刻的变化。在大数据环境中,我国的电视媒体还要进一步发展,随着台网融

---

① 潘洪涛.大数据时代广电新媒体的发展 [J].青年记者,2013(27):21-23.

合进一步加强、广告与电商融合等，电视媒体还有着广阔的空间。无论其如何发展，其努力的方向还是主要体现在以下几个方面：

一、大数据思维方式转型

电视媒体自 1988 年实行"事业单位企业化管理"以后，逐渐走上了媒介产业化改革的道路。"但由于种种原因，还未建立起符合市场经济发展规律的现代企业制度，也没有打破多年来媒体行业产业发展乏力的局面。在这种背景下，电视媒体从业者在市场经济大潮中刚刚熟悉，懂得土地、人力、技术、资本等资源配置对产业发展的重要性，也努力去尝试现代企业制度的建设，但由于双轨制设计的先天不足，要实现政企分开、产事分开还有很长的路要走，这导致了电视媒体经营管理理念普遍落后。当电视媒体从业者还未完全适应当下的文化产业业态，就要迎接和实现大数据思维的转型将是一个艰难的过程。但是我们必须应对融媒时代的来临，这要求电视媒体确立大数据思维以及大数据资产的全新理念。也就是说，我们要以全新的视角审视我们的资产，不能局限于现金、土地、固定资产、人才等等，而要放眼那些有待数字化并数据化的内容产品，还有那些第三方所拥有的潜在的巨量的目标受众的大数据。"[①]

在融媒时代，还需要在数字化基础上进行数据化，并要具备从巨量数据中利用大数据的能力。另外，鉴于自身缺乏强连接的庞大的受众群以及薄弱的大数据聚集能力，"电视媒体要善于利用外部大数据资产，即借助拥有目标受众的大数据储备的第三方企业，通过市场行为结成战略合作伙伴，盘活外部大数据资产。"[②]

在融媒时代，电视受众的需求被放大，媒体从业者传统的节目生产被淘汰，如果缺少精准性的收视调查数据，节目很快就会被抛弃。节目时刻注重传播效果以及对目标受众对传播力，来生产高度需求导向的电视节目。比如电视媒体开发的众多 App 应用，来挖掘受众的需求，生产高度贴合受众心理、适销对路的内容产品。如果的电视媒体也绝不单枪匹马作战，非常善于借力发挥，比如与阿里巴巴、腾讯等互联网企业结成战略合作伙伴，获取他们积累的巨量大数据，提供内容生产，双方实现共赢。对今天对电视媒体来说，复制流媒体视频提供商 Netflix 的内容生产神话并不是多么神秘的事情，只是随着越来越多的电视媒体的觉醒，这样的竞争会愈演越烈。

① 黄耀华 . 大数据时代电视媒体转型路径探析 [J]. 南方电视学刊 ,2013（6）:52-55.
② 黄耀华 . 大数据时代电视媒体转型路径探析 [J]. 南方电视学刊 ,2013（6）:52-55.

二、注重互动信息平台打造

有线数字电视这些年来大规模的推广与普及，已经为广电行业带来了大数据的基础，拥有了一个巨量且详尽的真实用户信息数据库。"在这个数据库中，人口统计特征数据、用户内容使用数据与行为痕迹数据、搜索与需求信息数据、消费行为数据、社交活动与意见信息数据等都已经具备，下一步就是利用大数据技术对这些数据进行分析与处理，在有线网的物理基础之上，迎合与多方沟通、互动的需求，建立起一个虚实结合的互动信息平台。也就是说，我们可以通过这个平台与用户进行实时的沟通、互动，可以用这个平台去搜集用户的所有数据信息，可以根据这些数据信息去分析用户的喜好，再根据用户的喜好去提供更适合的内容产品、更精准的营销与广告信息。这才是未来电视行业的产业流程。"[①]2018 年 12 月 28 日，中央广播电视总台与中国电信、中国移动、中国联通以及华为公司合作建设 5G 新媒体平台"5G媒体应用实验室"，开展 5G 环境下的视频应用和产品创新，并还将探索媒体智能化应用，布局"4K+5G+AI"战略，努力打造具有强大影响力的国家级新媒体平台为业务生产赋能。

三、强化内容产业的发展

电视媒体主张内容为王，相比网络平台，在内容上，电视媒体有着天然的优势。"网络平台最大的问题在于其缺乏原创性的内容，随着大数据的概念以及它所能够产生的经济效益逐渐被人们所认同，对于知识产权的保护、对于信息源的保护必将被提上议程，届时，以转载、转播为主的网络媒体就将遇到有价值的内容匮乏或者运营成本高昂的局面。"[②] 因此，网络媒体为了避免融媒时代可能出现的数据枯竭现象的产生，还是要依靠电视媒体的内容生产，与之合作。所以内容生产和积累在任何时候都是核心要素。电视媒体资源竞争的本质是创意的竞争。内容的竞争才是媒介之间的竞争核心。如今，各电视节目都朝着创意资源的方向竞争，就全国各大卫视目前都重点关注于品牌影响力以及收视率等方面的竞争，努力打造新的品牌节目。一旦树立典型的品牌节目，对整个卫视都起到整体影响力的提升。详细掌握用户的需求，然后放大、引导以及满足这些需求才是创意的源头。但是需求往往复杂多变，因此可以利用大数据的有效分析从而实现它们。同时，"随着媒体融合化进程的加快，内容的生产量、交易量都会呈现爆发性的增长，既有的基于资源稀缺、一对一交换基础上的内容交易模式已经不适应产业发展需求，内容市场

① 黄升民，刘珊 . 大数据时代电视转型的三大潮流 [J]. 中国广播 ,2013（10）:94.
② 赵晶，徐喆 . 大数据时代：媒体的发展现状及其趋势 [J]. 今传媒 ,2013,21（9）:47-50.

对标准化的大规模交易平台建立的需求迫在眉睫。只有如此，才有可能加速内容交易、流通，实现内容的自主增值。"① 通过对内容的多年研究积累，搭建起巨大的节目库，输送到各个传播平台上去。

四、从"受众"到"用户"

强调大数据的背后是对用户的需求都探求，是市场经济条件下对利益的追求。而对受众的认知，我们认为有三个基本规律。其一，受众的分散与聚合是一个硬币的两面，既往的研究很容易关注到人群什么时候、被怎样地分散了；但是，人群在什么时间、什么地点、借助什么智能终端，通过什么内容或业务产品，依靠什么话题、凭借什么机缘又重新聚拢起来，这一点却没有得到很好的研究。不管什么职业年龄的人群，有"分"的可能但也有更多"聚"的事实。而最大的营销机会，其实不在"分"而在"聚"。其二，从功能角度来看，"受众"和"用户"是无缝跳接的两个词。在频道匮乏的时代，所有人在媒体前面都只能是被动接受的"受众"。今天，有了多种媒体手段，提供了大量互动机会，所以"用户"出现。但无论是"受众"还是"用户"，对于个人来说这种身份会因时因地发生改变，作为媒体也需要适应这种转变。其三，无论是单体还是群体，依循时间轴的变化是恒定的。最近流行的所谓"多屏研究"，表面是"点"的研究，但贯穿背后的是时间流的研究。要抓住受众，也应当把握"时间"这条重要线索。②

五、大数据专家队伍建设

人是生产力核心要素，也是最活跃的要素。要在融媒时代立足，电视媒体要具有从第三方获取巨量数据的能力。要立足融媒时代，电视媒体必须解决人才的问题，其中首要的问题是"数据专家"队伍建设问题。"数据专家在融媒时代充当着重要角色，他们是统计学家、软件程序员、图形设计师与作家的结合体。"③ 目前许多高校和科研机构也在培养大数据方面的人才，这是今天媒体人才培养的趋势之一。新闻专业、传播专业和计算机专业已经紧密结合，跨专业的数据人才是就业市场的热门人选。当下电视媒体都在抢占数据专家资源，并且从国外的经验中进行借鉴。如果媒体有自己的数据专家队伍，就可以因地制宜，较为便利地从自有的数据宝库中挖掘信息的价值，构建多

① 陈佳伟.新媒体环境下电视媒体发展问题与策略研究 [D].北京：中央民族大学，2013：23.
② 黄升民，刘珊.大数据时代电视转型的三大潮流 [J].中国广播,2013（10）:94.
③ [英] 维克托·迈尔·舍恩伯格，肯尼思·库克耶.大数据时代——生活、工作与思维的变革 [M].盛杨燕，周涛，译.杭州：浙江人民出版社，2013：160.

元化数据化为基础的整个产业链；如果自身的数据不够，也可以通过向第三方大数据公司购买数据的方式进行数据扩充，再由数据人才去挖掘传媒运行中的数据价值，应用于电视产业链的各个环节。数据人才是大数据时代的必然需求，也是电视媒体和其他媒体的核心竞争环节之一。电视媒体如果在这方面有充足的人才储备，则为其战略部署和发展前景打下扎实的基础。

六、让预测成为主流

大数据背景下，媒体不只拘泥于此时，还要能预测未来，为了牢牢把握住受众的眼球，通过数据分析，做到一些高准确率的预测，判断将来流行的风潮、热点的问题，从而变被动为主动，占领先机。目前已经有关于预测新闻报道的先例。美国的美联社等已经通过计算机等方式进行撰写报道，尤其是一些涉及经济统计方面的数据，如果人工进行梳理资料和处理，会消耗大量的人力物力，而计算机系统的介入，使报道更加便捷和有效，同时报道的模版比较固定，具有可操作性。又如，"Narrative 是一家拥有大约 30 名员工的美国公司，它运用 Narrative Science 算法，大约每 30 秒就能够撰写出一篇新闻报道。2011 年该软件通过收集相关信息写出了大约 40 万则关于少年棒球联盟的新闻报道。2012 年这一数字预计将达到 150 万"[1]。腾讯的写稿机器人 Dreamwriter 从 2015 年上线起，前两年时间就累计生产了 20 多万篇稿件，平均篇幅在 200 到 1000 字之间，平均每篇文章的生成时间在 0.46 秒左右。腾讯 Dreamwriter 撰写的稿件以体育、证券类新闻居多。[2]

当然，计算机进行写稿并不能大规模推广使用，第一，计算机本身计算能力有限制，而且不能充分应对周围的社会环境和较为复杂的情感，所以计算机撰写预测性新闻并不适合所有的领域。另外，计算机写稿有一个培育的过程，计算机相对人脑而言不够灵活，算法的设定目前较为简单，需要人工对其进行重复训练才可以达到自行分析、编写新闻的目的。当前，提供给计算机很多不同的新闻数据，然后根据一定的准则将这些数据分割，通过固定的计算机算法，计算机会学习到一定的概率信息，以后碰到相似问题，计算机就可以按照之前给出的新闻模板生产新闻。但通过这种方式制作的新闻会显得过于雷同，基本上千篇一律。并且，由于计算机需要在一遍遍重复训练后才可以变得准确度更高，因此，对于数据量过小的新闻领域而言，其错误率显得过高，目前只在体育新闻及金融新闻可行性较大，放在其他新闻领域，

---

① 彭兰.《大数据》时代：新闻业面临的新震荡 [J]. 编辑之友,2013（1）:6-10.

② 未来，写稿机器人怎样与记者编辑愉快相处？[EB/OL]. 经济观察网 .[2017-06-22]. https://finance.sina.com.cn/roll/2017-06-22/doc-ifyhmtrw3578875.shtml.

出错率就会被放大。

因此，在新闻报道中，大数据不能完全替代人工，目前仅仅将大数据的预测功能作为一种辅助功能，让记者进行运用，或者提示记者关注点，具体采写过程应该由记者自己完成，如果深入发掘一些新闻热点和背后的意义，还是需要专门的新闻人才来完成。目前要挖掘大数据的预测功能现在已经逐步取得了进展。根据现状来看，融媒时代对于音频、图片等方面数据的分析已经开始，语音识别和图像识别技术已经有大规模的突破。在 IBM 发布的一份名为《分析：大数据在现实世界中的使用》的报告中显示，"组织在大数据工作中主要利用的内部数据源有 38% 来自音频数据、34% 来自静态图片或音频。而在大数据分析能力方面，25% 的受访者报告正在利用语音来分析大数据"[①]。大数据以及算法的发展，给预测功能带来了很多契机，这条路还会飞速发展下去。

电视媒体的大数据应用发展迅速，并且不断进行探索，目前已经取得了一系列的成果。各电视媒体结合自身实践，以及不断总结和提炼出大数据的发展规律和背后蕴含的商机，融媒时代充满着给予和挑战，如果电视媒体坚定其新时代的发展方向，不断进行创新发展，有效利用最新的科技成果，充分利用大数据分析工具，从而能够在内容生产上、广告营销上和舆论引导等方面都站在不同以往的视角，从更有前瞻性的市场局面中充分占有有利先机。

① Michael Schroeck, Rebecca Shockley, Janet Smart, Dolores Romero-Morales, Peter Tufano. 分析大数据在现实世界中的使用 [DB/OL].（2012-11）. https://www.docin.com/p-1039151645. html?docfrom=rrela.

第二章 电视传播的业务融合

　　媒体融合是传统媒体与新兴媒体的融合发展，党的十八大以来，媒体融合受到了以习近平为核心的党中央高度重视，习近平同志多次在讲话中谈到了媒体融合的意义和重要性，媒体融合的具体要求和思维路径等。媒体融合发展，就是要借助新媒体传播优势，适应新时期的差异化、分众化传播，在平台技术、内容、形式、手段等多方面进行融合创新，有效融合各种丰富的媒介资源和生活要素，推动信息平台、技术、内容以及人才的共享融通，构建舆论引导的新格局。随着技术的发展，电视传播从模拟时代改造升级到数字时代，具有与新媒体在平台上、技术上融合的优势，电视传播在长期实践中积累的专业业务能力和新闻传播实践能力是其在媒体融合中所具备的先天优势，如何运用新的平台和技术探索业务创新，开拓与新媒体的业务融合？2014年以来，电视媒体着力实践和探索，在主体融合、与平台创作融合、与自媒体传播互动等方面取得了一定的成绩，在激烈的市场竞争中继续发挥着主流媒体的舆论影响力，并表现出蓬勃的发展活力。

第一节　传播主体的多元融合

　　为适应传媒市场的发展要求，2013年我国组建新闻出版广电总局，从体制上打破行业壁垒，并为多种资本进入扫清障碍。在国家相关管理机制的放宽以及国家传媒产业整体布局下，多种民营资本以及独立制作人的参与热情被激发，传媒市场主体出现多元化。

一、电视媒体与传媒公司的融合

　　我国传媒公司的发展起步是在20世纪90年代，如1994年注册的青岛城市传媒股份有限公司，1998年成立的光线传媒等。早期注册的传媒公司主要从事平面广告以及主要从事图书、期刊、电子音像等出版物的相关业务；90年代末开始，影视制作类的传媒公司得到蓬勃发展，如光线传媒在电影、电视剧、娱乐资讯类节目制作与发行等方面都有业务和市场开发，如今已成为我国极具影响力的民营娱乐传媒集团。在我国市场化背景下，电视媒体实行了制播分离制度，为传媒集团与电视台的合作及融合提供了制度便利。通过合作和融合实践，电视台和传媒公司共同推出了很多有强大市场影响力的品牌内容产品，如上海灿星文化传媒股份有限公司与东方卫视合作的《中国达人秀》《金星秀》，与浙江卫视合作推出的《中国好声音》，与中央电视台合作的《出彩中国人》等，合作过的电视媒体达十多家，推出的电视节目近30个。光线传媒成立之初制作的《中国娱乐报道》与电视台的合作在2000年4月达到150家，收视观众达3.15亿以上；后来继续与北京电视台、上海电视台、中国教育电视台、安徽卫视、江苏卫视、辽宁卫视等合作制作播出节目。在融合发展背景下，传媒公司与电视媒体的合作更加深入，在合作的节目类型上更加开放而多元，融合模式也更加灵活，如中南传媒与湖南教育电视台合作成立传媒公司，除时政类新闻节目以外的其他所有节目将均由新公司免费提供。电视台与传媒公司的融合取得了双赢效应，传媒集团的产品得到主流媒体的认可，并得以在主流媒体平台传播，提升了传媒集团的社会信誉度和专业水平美誉度；电视台通过与传媒集团的合作，在节目创意创新方面得到活力输送，同时在制作成本和人力成本方面节约了开支和投入。

二、电视媒体与新媒体平台的融合

新媒体的兴起打破了传统媒体一统信息传播市场的局面，互联网、手机等新的媒介平台对市场的强势进入重构了媒介传播新格局。传统媒体的融合发展必须在开放的视野下创新，利用新媒体平台进行内容融合是电视台在融合探索方面的重要路径。探索中，电视媒体一方面主要通过进驻新媒体平台进行内容传播的方式来进行内容融合，如在微博、微信中开通账号等。在两会报道中，电视台积极运用新媒体平台的传播优势，开通"人大会议新闻中心"和"政协大会新闻组"微信账号，不仅使会议报道及相关内容得到大量转发、转载，也利用微博互动、微话题讨论以及网络直播等方式实现与用户的互动交流，实现了受众与代表的直接对话与沟通，有效突破了传统传播方式中的互动障碍。在网易、搜狗、腾讯、微博等平台开通账号，发布新闻信息、新闻细节、现场花絮、记者观点等，实现新闻传播形式的多样化和内容的多元化传播，改变了传统媒体在受众、用户中的刻板印象，实现了新媒体环境下的有效互动融合。在Bilibili网站中入驻，开通"央视纪录""央视综合""央视财经""央视综艺"等频道，在内容层面进行合作融合。电视媒体的节目内容在得到更深入的受众影响的同时，其雄厚的精品节目资源也为新媒体平台带来了内容的丰富性和多样性。另一方面，运用新技术平台进行内容制作的创新是电视台与新媒体平台在内容方面深度融合的另一路径。如电视媒体通过"秒拍""抖音"等 APP 及时快速地发布新闻现场和新闻细节，或进行移动直播，与用户实现实时互动等。2018 年春节前，微博与 CCTV 达成协议，成为央视春节联欢晚会的独家合作伙伴，推出了春晚直播、短视频版权、历年春晚盘点、集"中国赞"赢百万红包、全球华人跨界段子挑战赛、春晚最强答题王、春晚模仿大赛等多项线上互动活动，为我国春晚文化在新的媒介环境下持续发挥文化影响力起到了有力的推动作用，春晚的品牌影响力和巨大的内容资源也为微博用户的活跃度、参与度的提升起到了推动作用。2018 年端午节，央视新闻新媒体与快手共同联播策划了一套龙舟舞，为传统节日传播增添了时尚的元素，使用年轻人乐于接受的方式传播我国优秀传统文化。再就是电视媒体也高度关注各平台的舆论动向，及予以报道和反馈，实现了话题的电视互动和及时的舆论引导，发挥了主流媒体的舆论引导力和影响力。

三、电视媒体与自媒体传播主体的融合

新媒体的快速传播推动了传统媒体传播时代传者与受众关系的变革。基于网络传播技术、移动通信技术的新媒体平台不仅提供了信息传播的多样化方式和模式，也打破了在大众传播时期专业机构对信息发布的垄断，使受众获得对媒体的使用权，成为信息传播主体中的成员之一。同时，受众分化日益明显，对新闻产品需求逐渐多元化，创新传播内容、打造个性化媒体产品、创新新闻产品是获得市场认可的重要策略。结合不同接收终端用户和传播主体的特点及兴趣，为用户提供既喜闻乐见又愿意大量转发进行人际化传播的内容产品是电视媒体着力探索的融合策略。融媒时代，受众成为不可忽视的内容生产和传播主体，他们生产和传播的内容成为新媒介环境下信息构成中的重要组成部分。早在 2013 年，美国学者沙泥·伯曼和克拉斯·威利斯根据研究提出预测："到 2021 年受众将生产 50% 的新闻内容，届时主流新闻媒体也将不得不采纳和实践这种全新的新闻传播形式。"[①] 实际上，他们预测的状况已逐渐成为现实。目前在各级电视媒体的内容生产中自媒体传播主体已经受到了关注和重视，如很多电视台在新闻节目中开辟了"新闻拍客"专栏，鼓励自媒体用户向电视台分享自己创作的内容。2018 年端午节，央视财经与快手平台合作，通过各地人民上传快手的包粽子视频，制作播出了全国各地人

① 孟建，董军. 新媒体环境下我国电视新闻的嬗变与发展 [J]. 国际新闻界,2013,35（2）: 6-12.

民包粽子迎端午的特别报道，并于端午节当天在《第一时间》播出，实现了媒体与自媒体内容生产主体在内容上的互动融合。中央广播电视总台已经实施了"多媒体数据库""多终端采编播总平台"项目建设，将来电视媒体与自媒体用户在内容生产上的互动将更加便捷、频繁和深入。

第二节　传播平台的多元融合

媒介融合的概念最早是由美国马萨诸塞州理工大学的伊契尔·索勒·普尔提出的，其本意是指各种媒介呈现多功能一体化的趋势。媒介融合促进了传媒产业的国际化发展。美国新闻学会媒介研究中心主任 Andrew Nachison 将"融合媒介"定义为"印刷的、音频的、视频的、互动性数字媒体组织之间的战略的、操作的、文化的联盟"，他强调的"媒介融合"更多是指各个媒介之间的合作和联盟。整个媒介发展史不是一种媒介取代另一种媒介，而是媒介形态的相互叠加和功能的相互平衡。新的媒体竞争环境中，传统媒体与新媒体呈现了一种融合发展的趋势。媒介融合是一个动态的过程，首先是媒介形态的融合，然后从生产结构、传媒体制到社会、经济生活的变化。一直以来，电视媒体都在运用自己的媒介平台为受众提供信息。随着科技的发展，纷纷利用新的媒介平台延伸发展。有的利用互联网平台打造各自的网站，有的与手机运营商联合推出移动媒体。受众获取信息的平台越来越丰富，从传统的电视平台到现在的数字电视、IPTV、微博、微信、手机 APP 应用等。受众接收信息不再需要通过单一的电视平台，人们可以选择的平台越来越多、越来越丰富。

一、电视媒体与网络平台的融合

2020 年 4 月 28 日，中国互联网络信息中心（CNNIC）发布第 45 次《中国互联网络发展状况统计报告》《报告》显示，截至 2020 年 3 月，我国网民规模为 9.04 亿，较 2018 年底新增网民 7508 万，互联网普及率达 64.5%，较 2018 年底提升 4.9%。截至 2020 年 3 月，我国网络视频（含短视频）用户规模达 8.50 亿，较 2018 年底增长 1.26 亿，占网民整体的 94.1%。其中短视频用户规模为 7.73 亿元，较 2018 年底增长 1.25 亿，占网民整体的 85.6%。[①]

截至 2018 年 9 月底，我国互联网电视累计覆盖终端达到 3.22 亿台。2018 年，视听行业市场规模预计 2016.8 亿，同比增长 39%；网络视频付费用户比

---

① 中国互联网络发展状况统计报告：网民规模突破 9 亿！[DB/OL]. 环球网 .2020-04-28.
https://baijiahao.baidu.com/s?id=1665178072117393364&wfr=spider&for=pc

例达 53%，同比增长 23.8%。[①] 面对互联网所带来的时代挑战，电视媒体渐渐地向现代网络媒体靠拢，从单一媒体向综合的多元化媒体转变。在发挥自身平台优势的同时努力借助网络手段丰富自己，打造"全媒体"平台成为传统媒体突破发展瓶颈的重要举措。与网络进行融合，是电视媒体维持自身生命力的普遍做法。

广电媒体开办网站是目前网络媒体与广电媒体融合的最佳方式。其优势表现在三个方面：网络的强大传播力和节目的丰富多彩；网络弥补了广电传播稍纵即逝的缺陷；节目保证网站在同质竞争中的独特性。两者互动融合可扩大各自的影响力。中央电视台有央视网、中国网络电视台（CNTV）；中央人民广播电台有中国广播网、数字电视频道《央广健康》；中国国际广播电台有国际在线（CRI Online）、CRI 手机广播电视、移动国际在线中英文版（Mobile CRI）、中国国际广播电视网络台（CIBN）；各省市级广播、电视媒体也有自己的网络平台，如湖南电视台的直播网、湖南卫视的"金鹰网"、网络电视"芒果 TV"，还有江苏网络电视台、浙江网络广播电视台、浙江电视台官方网站、浙江卫视"新蓝网"等等。另外，中广网直播、点播平台吸引了一批全新的网络受众，听众可以通过网络随时随地收听节目。同时，网络平台也为受众营造了一个强大的资料库，对于喜欢的节目，受众可以利用点播功能反复收听。电视媒体利用网络和手机终端推出的网络电视、手机电视受众享受到随时随地看电视的方便，网络的点播功能也让受众有了自主的选择权，而不受时间和空间的限制。

在新浪微博开设公司实名认证官方微博，在全新平台展示广电媒体形象和品牌是目前很多广电媒体的做法。湖南卫视老牌综艺节目《快乐大本营》在 2011 年新年改版后加入了新的微博互动环节——"神马都给力"，由民众在网络和微博上推荐的才艺达人参与节目录制，现场观众可以随时通过微博对来宾进行提问或表达自己的观点。同时，才艺达人比拼的胜出者也由现场观众通过微博投票产生。央视新闻、其他电视台等节目都是努力微博打造品牌，最大化地保有受众数量。

二、电视媒体与移动终端的融合

电视媒体与移动终端的融合最为突出的一个方面就是传统电视媒体 APP 移动客户端的运用与发展。APP 可以在移动设备（主要指平板电脑和智能手机）上使用，是满足人们咨询、购物、社交、娱乐、搜索等需求的应用程序。

---

① 中国网络视听节目服务协会 .2018 年中国网络视听发展研究报告 [DB/OL]. [2018-11-28].https://www.jiemian.com/article/2661637_qq.html.

我国互联网基础设施建设不断优化升级，提速降费政策稳步实施推动移动互联网接入流量显著增长，网络信息服务朝着扩大网络覆盖范围、提升速度、降低费用的方向发展。出行、环保、金融、医疗、家电等行业与互联网融合程度加深，互联网服务呈现智慧化和精细化特点。截至 2019 年 5 月，我国市场上监测到的移动应用程序（app）在架数量为 415 万款。[①] 在两会报道中，CCTV 积极利用新媒体技术打造平台，如 C-box 客户端、CNTV、手机电视、IP 电视、移动智能客户端等，实现传播平台和方式的多元化，满足不同受众和用户的收视习惯和需求。

新技术的应用、手机等便利视听终端设备也在一定程度上带来了新的受众群，为广播电视的发展注入了新的活力。中央电视台手机客户端提供精彩电视直播的客户端应用，有大量精品精选节目，观众可以实时观看喜欢的界面，随时点播回看，还有趣味短视频。杭州广电集团为杭州电视台推出的杭州电视台 app 手机客户端，为全国的网友们提供杭州电视台所有节目的在线点播，占据本土网络舆论阵地。中央人民广播电台、中国国际广播电台开发的客户端，智能手机用户在"91 助手"客户端商店里下载安装后，可收听两台旗下各套频率节目的直播。有些电台的单个频率也做了客户端，如中央电台的经济之声客户端呈现了每档节目的文字内容；国际台金曲调频 Hit FM 88.7 客户端在听到直播内容的同时也可以了解节目内容、主持人信息。湖北电台的湖北之声客户端除了有直播功能外，还增加了本台资讯、主持人在线互动交流模块，附载了一些电商共享的服务内容，如全国景点优惠、酒店预定、福利彩票、平价药房、旅游信息等模块；广东电台和凤凰集团合作推出的 FM105.7 汽车优悦广播客户端，突出优先信息、优质生活、优品音乐、优选电台的理念，延展与汽车移动生活相关的方面，集合了流媒体播放 + 信息 + 交友互动 + 周边服务于一体的汽车移动生活新体验。广电媒体借力新的技术、新的平台实现了传播的数字化、多样化。从传统的单向传播变为直播、点播、受众参与制作、上传、分享、互动等多向传播，使传播更加多元化、全方位。

三、电视媒体与其他媒体的融合

（一）电视媒体与社交媒体的融合

社交媒体（Social Media）是指基于用户关系的内容生产与交换平台，是方便人们彼此之间分享信息、见解和观点的常用平台，主要包括社交网站、

---

① 中国互联网信息中心 .2019 中国互联网报告 [DB/OL].[2019-7-12]http://www.cnnic.net.cn/.

微博、微信群、博客、论坛和播客等等。社交媒体的信息属于用户间的分享式互动，主要依靠网民自发贡献和自觉的信息提取，然后进行传播的过程。具有共同的兴趣和爱好是社交媒体用户的主要特征，电视媒体内容借助社交媒体平台沿着用户的社交关系网进行蔓延传播，有利于形成众多个性鲜明的社区性文化和社交群体传播模式，增进受众与媒体的多维互动。电视媒体传播在对社交媒体进行利用过程中，主要通过增强媒体的社交属性以适应社交媒体传播方式和需求，如通过开通微信公众号、微博、播客账号等方式，将媒体内容转化为可方便用户间分享互动的公众号、微博推文和作品推送，使之得以进入到社交媒体的用户互动之中。中央电视台以及其他各级电视台在都在这些方面进行了探索和实践，如 CCTV 开通了央视一套、央视网、央视评论、央视财经、央视今日说法等 215 个微信公众号（数据截止 2016.12），省级卫视、地市级电视台除开通了资讯类微信公众号，还开通了各节目的微信公众号。与微信公众号一样，CCTV 中央电视台以及各级电视台、相关电视节目也在新浪微博中开通了官方微博账号，积极将传播的内容推送到各平台，并最终得以进入到社交媒体分享平台。电视媒体与社交媒体平台融合，在线用户可一键式转发、分享，使得电视媒体的内容产品不仅增强了传播的广度，还在扩大内容传播范围的同时建立与新用户的连接，获得多次传播的机会，增加了媒体内容的影响力和对用户的服务能力。在社交平台上用户还可以采取后台留言、评论、进入聊天室等多种方式实现与传播者的互动，实现人性化、个性化交流，增强情感联系，提升用户粘度。

（二）电视媒体与自媒体的融合

自媒体（We Media）又称"公民媒体"或"个人媒体"，是指用户利用新媒体平台进行的自主化、私人化、普泛化的信息传播模式。自媒体转播体现了传播主体向普通大众的现实转化，受众可以自主地通过自媒体平台向特定受众或向公众进行信息发布，传播的信息内容既可以是完全自我的个人化的信息，也可以是面向公众传播的较为规范的信息内容。自媒体的出现彻底变革了以往单一的大众传播模式。在大众传播过程中，受众反馈渠道有限，更难以参与到信息的生产过程之中。但在自媒体时代，信息接受端的大众从被动接受走向信息发布端，成为信息的生产者和发布者，受众转变为用户，同时拥有着传播者和接受者的双重属性。自媒体平台强大的信息发布能力和舆论影响力激活了用户个体的微欲望，基于互联网技术的自媒体催生了双向互动的 UGC（用户原创内容）用户内容生产模式，用户中的微资源得到开发并受到媒体的重视。电视媒体与自媒体的融合使得 PGC（专业生产内容）和

UGC 两种内容生产模式得以并行，具有个性化的 UGC 模式拓展了传播信息内容的广度，也提升了用户的参与度；具有专业制作能力的 PGC 模式提供的内容具有较好的深度和较为宽广的用户消费途径。两种模式的结合为电视媒体融合发展注入了新的活力。目前许多传统媒体在探索与自媒体的融合，如《新京报》微信公众号"新京报评论"发布了欢迎投稿者投稿的"稿事计划"，在丰富平台内容的同时，也为媒介组织外的非专业内容生产者提供了发声平台。电视媒体如何与自媒体深度结合，还需要进一步努力开拓创新。

（三）电视媒体与大数据平台的融合

在当今信息时代，电脑、手机、互联网等信息技术使人们的生活日益便捷。对新闻信息平台、智能化服务平台等的使用会产生大师的数据。"大数据"（Big data）作为一种数据集合，具有数据规模海量、数据类型多样、数据流转快速、价值密度低等特点。对大数据的处理分析可以了解用户的兴趣爱好、行为模式及特征，以及各项事物之间的关联等重要信息。从大数据中提取一些关键指标，获取一些潜在的信息和规律有助于帮助我们制定决策或针对用户进行精准投放和服务。这也正是依托互联网技术成长起来的新兴媒体的优势所在，互联网媒体、手机媒体等在为受众提供服务的同时，也通过收集用户浏览、点击、消费等的数据分析用户特征、了解用户兴趣和习惯等，从而实现对用户的个性化、精准化服务。电视等传统媒体的传播模式基于传统的电子模拟传播工作模式，缺乏数据收集和分析的有效反馈，在增强与用户黏性方面存在先天不足。所以，电视媒体在媒体融合发展中，应当重视与数据平台的融合。2016 年，中央全面深化改革领导小组第四次会议审议通过的《关于推动传统媒体和新兴媒体融合发展的指导意见》指出，传统媒体应充分利用大数据技术来重构用户连接。目前，大数据被应用于电视节目传播收视率的统计分析上，在进行收视数据的统计分析基础上，电视媒体可以掌握用户收视的行为及倾向，并变被动为主动根据观众需求为受众动态提供智能化的频道资源推送。再就是通过对用户观看电视节目内容的数据分析了解受众的节目兴趣爱好，为广告商提供精准的频道资源推介；同时，根据受众收看节目、广告的类型等改进广告投放的方式和制作的形式，为用户提供更加舒适的广告服务。第三就是通过数据分析，针对电视收视忠诚度高的客户制订优惠政策等等。

第三节　业务发展的融合创新

新媒体传播模式下，不同资源得到激活利用，文化资源得到整合，创意创新得到鼓励和激发。融合发展视野下，理念和思维开放的电视媒体在业务发展方面运用新的媒介技术、平台，面向不同的传播主体、用户进行创意创新，开拓出了不同于大众传播模式的多种业务发展路径和模式。

一、服务内涵的开拓创新

融媒时代，受众即用户。在用户思维和理念下，电视媒体在业务内涵上开拓创新，从主要生产内容单一而稳定的电视节目，向多元化生活和社会服务项目拓展和丰富。2014年5月，中国广播电视网络有限公司正式挂牌成立，2016年获得工信部颁发的《基础电信业务经营许可证》，电视信号传输网络实现了在全国范围内经营互联网国内数据传送业务、国内通信设施服务业务，这一功能的实现提升了广播电视网络的承载能力，为智慧广电发展铺平了道路。基于电视传输技术、移动互联技术、物联网技术、大数据、云计算、人工智能技术的"智慧广电"成为电视服务开拓创新、转型升级的重要战略目标。通过智慧广电对社会多种资源的整合以及协同覆盖、互联互通，电视媒体可以实现平台智能化、生产智能化、终端智能化，可以有效简化节目制作环节、内容制作流程，提高工作效率，并为用户发掘开拓精准化、定制化、个性化和交互化的服务内容，整合多种信息技术与社会经济、生活等深度融合，为人们建构新的社会生活方式，并最终融入到我国智慧家庭、智慧社区、智慧城市建设之中，广播电视网络可以为用户实现多样化的社会生活服务，如医院挂号、水电气费的缴纳、银行转账、网络购物、视频通信等等。

二、衍生产品和营销的开拓创新

在融合发展视野下，电视媒体的节目实现了多元化经营和发展，以市场为主导、以用户为中心，业务开拓创新实现了向外发力，在经营模式、产品样态、产品服务等方面锐意创新。电视媒体对受众的服务不再仅局限于仅仅只为受众提供电视节目内容，利用所制作节目的品牌价值再次进行价值挖掘，开发衍生产品或进行多维营销，在广阔市场环境中拓展经营模式，以寻求产品价值的增值和利益的多元化、价值的最大化，是许多电视媒体在融合实践中着力探索的。通过实践探索，大概以以下几种方式，一是通过售卖版权与其他多媒体平台合作。融媒时代信息传播平台众多，与传统媒体相比，许多新型媒体的传播者队伍复杂，行业管理机制不够健全，新闻信息容易被利益团体操控，利用发布新闻进行商业炒作的行为屡见不鲜，价值、利益这些商业化的因素在新闻传播活动中暗流涌动。同时，一些新兴媒体从事新闻采制还存在诸多困难，部分新媒体则索性专门对其他媒体的信息进行收集、筛选，或直接进行转发，或进行二次加工后再发布，但由于版权问题，这些媒体存在发展困境，客观上为电视媒体与各平台的合作提供了机会。如 CCTV 和腾讯等媒体合作，通过提供电视节目视频资源，实现生产的节目产品再开发利用和再增值；湖南卫视曾经将其节目版权卖给爱奇艺播出平台等等。二是利用品牌节目开发其衍生节目，将节目制作过程中录制的尚未播出的素材进行开发播出，并向市场营销是许多电视台采取的又一创新策略，如浙江卫视大量开发其品牌综艺节目《中国好声音》的衍生节目产品，诸如《不能说的秘密》《娱乐梦工厂》《重返好声音》《有料好声音》等等。三是将节目内容制作与更广阔的市场相结合，开拓电视节目的营利空间和多样化的经营模式，这方面较为典型的是《舌尖上的中国》进行的探索。《舌尖上的中国》第一季惊艳亮相之后，推动了节目相关食材、食物的热销，在第二季制作时，节目与天猫、豆果网进行了签约授权，通过节目的品牌影响力激发相关食品的市场的购买热情。在节目播出过程中，天猫独家合作页面访问量陡增 5 倍。四是开发与节目内容相关的衍生产品。2013 年湖南卫视火爆全国的真人秀节目《爸爸去哪儿》热播后，湖南卫视推出同名电影、手机游戏、同名图书等获得巨大收益。

三、业务运营的开拓创新

在融媒时代，传媒市场彻底打破以往单一媒体在单一领域封闭运作的生产模式，逐步转变为利益各方基于价值链的融合创新，生产商、平台供应商、用户等多主体共同参与完成市场行为，传媒市场供需双方互动频繁，参与各方均在市场中寻求价值的最大化。大传播理念要求电视新闻不再局限于传统受众、传统传播渠道、传统工作方式，而是要在全媒体思维下去开展工作并不断创新。融媒时代电视新闻信息不仅来源多渠道，而且传播渠道也不再局限于电视台所管辖的频率频道，而是可以在多个传播平台上进行广泛传播。因此大传播观贯彻在电视新闻采制活动中时，新闻工作者应在新闻采集阶段的线索搜集、题材挖掘、采访策划等方面突破传统工作模式，积极拓展信息来源范围和渠道，博客、微博、微信、个人空间以及其他新闻网站等都是寻找新闻线索、发现新闻的渠道。大传播观贯彻在电视新闻编播环节中，要求编辑充分考虑当代受众接收和阅读信息的习惯以及对信息质量的要求，创新编排手段、形式处理和节目设置，同时还要考虑节目内容在其他媒体的二次传播，在编辑环节尽量减少二次传播带来的制作成本、人力成本等的消耗。大传播观还要求电视新闻工作者积极拓展新闻传播渠道，在更宽广的平台上去推广新闻作品，赢得更多受众群，实现社会效益与经济利益的双丰收。

四、行业资源融合的开拓创新

打造高质量融媒产品，增强传统媒体的整体实力和竞争力，推动传统主流媒体与新兴媒体的创新性融合，加快国际传播能力建设，是新时期传统媒体转型升级、实现可持续发展的必由之路。早在2014年，广东广播电视台全面推进媒体融合发展战略，以"融无界、赢未来"的创新理念探索融合发展，通过资源融合拥有9个广播频率，12个电视频道，10个数字电视频道，100余家下属公司的大型传媒集团，在全球覆盖50多个国家和地区，触达人口40多亿，成为华南地区媒体结构最全面、用户覆盖最广泛、综合传播力最强、舆论影响力最大的主流广播电视媒体。2018年初，为增强广播电视媒体的市场竞争力和国际影响力，集中力量生产和传播融媒体产品，形成高效运作的生态级媒介平台，我国整合中央电视台（中国国际电视台）、中央人民广播电台、中国国际广播电台组建中央广播电视总台，积极融合创新发展，全面提升主流媒体的传播力、引导力、影响力和公信力。2018年下半年，全国多省市拉开媒体资源整合大幕，7月，辽宁报刊传媒集团（整合17家报刊单位）、辽宁广播电视集团（整合7家广电、网络等事业单位）分别挂牌；11月，天津海河传媒中心正式成立，该中心将报社与广播电视台全面整合。媒体资源的整合有利于融合业务的深度发展和开拓创新。

五、业务模式的开拓创新

电视媒体的传统业务模式相对比较封闭，主管部门对新闻内容的真实性、新闻制作的规范性有严格要求，对记者的新闻道德和职业操守有明确规定，并有专门的行业管理制度，新闻信息传播具有严肃性、正规性和公益性特点。新媒介技术的发展正在悄然变革电视媒体的业务模式。如谷歌提出的云计算概念摆脱了对本地服务器运算的依赖，"云计算将计算资源和我们通常接触的资源放在同一个平台上……支持多种硬件平台和多种软件平台……本地硬件的特性也不会对选择云计算作为计算平台的行为造成影响。"①云计算在电视工作中的应用颠覆了传统电视媒体的工作方式，乃至人员结构体系。在云计算技术支持下，电视节目工作者将可以在任何条件具备的环境下完成创作工作，也方便了世界各地大量有创作能力的公司或个人向全球的电视媒体提交作品，完成项目合作。这将彻底打破我国传统电视体制下人力、技术等资源分布不均衡的状况。如一些条件相对较差的地方电视台可以利用云技术突破条件束缚，在全世界范围内募集作品；优秀的电视工作人员也可以利用云计算技术，在全世界范围内承接生产项目，实现个人能力和价值的最大化。而以往单位限制员工承接外面业务的制度将逐渐变得无力。BBC 在电视节目制作中试行了这种委托制作节目的模式，"他们首先设计了一个网站，在网上公布了所需节目的样式要求，世界上任何地方的独立制片公司都可以访问这个网站，也都可以根据要求提交自己制作的节目。"②未来电视内容生产中任何有能力的主体都可以参与进来，创作主体是一个开放的、多元的体系构成，这个体系中各成员年龄层次、知识结构、民族及文化背景多样，极具创造潜力和爆发力。除云计算外，虚拟演播技术、人工智能技术等对电视媒体业务模式也正在逐步渗透和影响，电视媒体业务模式将在新技术的推动下不断变革和发展。

---

① 张耀祥 . 云计算和虚拟化技术 [J]. 计算机安全，2011（5）：80-81.
② 李静 . 全媒体环境下的广播发展之道 [J]. 中国广播电视学刊，2012（1）：24.

第三章 融媒体时代电视传媒产业的商业模式探析

第一节 相关概念及基本理论

一、电视传媒产业商业模式

国内外学者开始研究商业模式始于20世纪90年代，近年来，"商业模式"一词受到我国学者的高度关注，通过对文献计量分析，可以发现国外的研究专注于研究商业模式的同时，也会将电视、手机电视、交互式网络电视和数字电视联系在一起，而国内的研究也是如此。通过对国内外文献的大量收集和阅读，发现目前对电视传媒行业商业模式的研究还处在起步阶段。在互联网飞速发展的时代，信息技术的不断更新，使得许多新型电视产品和服务相继问世，电视传媒产业的商业模式也随着信息技术的发展不断的改变，梳理不同类型的商业模式，可以发现目前的商业模式存在的问题，为未来商业模式的发展奠定基础。

二、电视传媒行业商业模式的基本理论

（一）电视传媒产业组织理论

产业组织理论起步于20世纪30年代，最早可以追溯到古典经济学家亚当·斯密在《国富论》中关于市场的竞争以及生产专业化分工，通过分工和协作可以使工作效率得到提高，经济效益得到提升。之后，马歇尔将产业组织概念引入到《产业经济学》中，马歇尔强调市场上的垄断因素都孕育在竞争之中，如果企业对规模经济的需求增加会导致垄断的产生，而垄断反过来会阻碍竞争机制，是的市场上的自由竞争失灵，这样就形成了"马歇尔冲突"。后来在多方学者的研究之下，产业组织理论逐渐成为一个完整的理论体

系，并被一些人利用实证研究加以发展。到了1930年，在美国以哈佛大学为中心代表形成了产业组织理论的一个学派，该学派主要的理论是构造了一个"市场结构—市场行为—市场绩效"的标准范式，通过验证可以得出垄断的市场结构会导致市场行为的实效，只有通过公共政策的调节才能恢复到市场竞争的状态。但是由于后来美国经济的衰退，导致以芝加哥学派一些学者对哈佛学派主张进行强烈的反对，芝加哥学派认为：第一经济是自由的，没必要进行干预，市场力量有足够的调节能力，政府只需要少量的进行干预；第二，通过串谋形成的卡塔尔等合谋行为，并不会长久的持续下去，企业之间会因为"企图困境"而导致破裂，所以并不需要政府太多的管制。

到了1970年左右，奥地利学派推出了对产业组织理论新的理解，他们认为过度干预是不利于社会进步的，市场竞争本来就是一个发现以及传播信息和知识的过程。企业通过市场竞争而形成的垄断，这就说明该企业是最有效率的企业。他们反对政府的制度干预，认为干预会导致市场的偏移均衡。电视传媒企业也正面临市场竞争的问题，企业要想在竞争环境中存活下来就必须让自己的竞争充满活力。电视传媒企业可以根据SCP的范式分析，可以了解自身发展中遇到问题，包括自身的市场结构、市场行为和总体绩效，可以根据研究发现存在的问题，通过电视产业的创新和变革来解决问题，提高自身的核心竞争力。

（二）电视传媒产业融合理论

早期的产业融合理论主要来源于技术的革新所导致的企业之间的交叉。在1978年，美国的麻省理工学者尼古路庞特用三个圆圈来描述计算、印刷、和广播三者之间的技术边界，并认为三者的交叉处将会是成长最快，创新最多的领域。随着信息技术的不断发展，部分之间的产业融合逐渐增多，特别是互联网行业可以和许多行业产生融合，导致应用技术的不断改变，商业模式发生变化。

传统电视传媒产业要精准把握媒体的发展趋势，加快推进与新媒体的融合，媒介的融合并不是简单的多种媒体的相加，而是多种媒体的协同运作、相互补充、相互发展的过程。当今时代，媒介融合之间的技术障碍不断地被突破，同时也打破了时间和空间的限制，使得信息传播更加方便和快捷，原来的"受众模式"转变成了"用户模式"，人们在媒介中的信息收集不再是被动的，而是主动去选择、去搜寻。用户极大程度上可以选择在不同媒介中获取方式，同时也可以在不同媒介中发布信息，这也给传统电视媒体产业带来了思维的改变。之前的传统媒介的思维方式局限在被动型思维，电视的内容由我们产生，然后众多消费者被动地去接受。这样的思维弊端伴随着新媒体的出现慢慢地凸显出来，导致消费者越来越多的开始对电视产业关注度下降，如果传统电视产业再不对内容加以变革和创新，顺应消费者的需求，那将更加的落后于时代的步伐。所以媒介融合表现出传播技术的快速发展，同时也不断更新着人们的传播理念。传统媒体与新媒体的相互交融，相互促进，形成"你"中有"我""我"中有"你"的新格局。之前明显的媒体界限逐渐淡化，双方利用各自的优势为对方创造盈利的空间，让传统媒体的商业模式发生巨变。

电视传媒产业的技术也顺应时代的发展潮流进行融合，一些诸如"数字化""三网融合"等词语出现在大众的视野当中，传统电视传媒产业开始思考如何与新媒体之间进行合作，如何产生互利共赢等问题，这些问题越来越受大家的关注。首先，传统媒体和新媒体在内容上进行融合，将形成跨平台的使用，利用数字化终端进行完成。其次，传统媒体和新媒体在渠道上的融合，指信息在各个渠道之间传播和分享。最后，传统媒体和新媒体在平台上的融合，主要是以"三网融合"为基础，将形成互联网平台和手机平台为主导的平台市场。

第二节 电视传媒产业商业模式现状分析

一、传统电视传媒商业模式

传统的电视传媒产业在业务发展的过程中，产生的商业模式主要有广告模式、外包模式及跨业经营模式，目前我国的传统电视传媒产业主要以广告收入为主，部分特色频道开展收费模式，电视购物模式也逐渐在国内慢慢的兴起。

（一）广告模式

在我国电视产业发展早期，由于政府、经营者，消费者都没有太多的财力无法支撑电视台运营，所以就选择了以广告为主的商业模式经营电视传媒产业，由此电视传媒行业正是起步。[①] 我国电视传媒产业通过免费让消费者观看，通过出让电视节目时段的少许时间，插播广告进行播放来获取利益，顾客在观看节目的同时，也能够获得广告上的信息。根据大众的作息时间，电视节目被分为黄金档节目和非黄金档节目，黄金档节目通常是指播出时间在

---

① 黄升民．比较传统电视和收费电视商业模式［J］．传媒观察,2004.7

19：00—22：00 这一黄金时间段的节目，该时段的观看电视的人数最多、收视最为集中，可以造成最广泛的传播效果。除了黄金档时间以外的其他时间均可称为非黄金档时间，在非黄金时间段播出电视节目，由于观众人数较少，且呈现碎片化，导致传播效果不是很理想，收视率也较低。许多厂家通过购买热门时段的广告来宣传自己的产品，也可以让更多顾客了解企业。到目前为止，广告模式依然是我国传统电视传媒产业的核心支柱。近年来，我国电视观众人均观看电视的时长不断呈现上升的趋势，整体在 270 分钟左右，但是观众的平均达到率出现了较大下滑，而忠诚观众的流失将会影响电视广告效果及收益。所以，在未来将可能会出现中国电视广告收入出现下滑的现象。

所以 2016 年以来电视广告收入 1031 亿，同比略有下滑，五大卫视收入合计超过 300 亿。整体来看，一方面，电视广告收入整体自 2013 年来开始逐渐下滑，预计未来每年略微下滑 2%—3%；另一方面，五大一线卫视收入规模不断提升，湖南卫视连续两年广告收入过百亿，浙江、东方量大也超过 50 亿元，江苏和北京分别为 25 亿元和 18 亿元。电视广告收入下滑实际上从 2015 年就已经开始。根据广电总局相关统计显示，2018 年全国电视广告收入 958.86 亿元，在 2015—2018 年这四年期间，我国电视广告收入同比分别下滑了 4.6%、16.6%、3.6% 和 0.98%。电视广告收入规模初期的下滑主要是受新媒体广告及户外广告的冲击，而近两年则是受整体经济环境的影响。①

由此可见，以广告为主的商业模式不再符合当今时代的发展，传统电视传媒产业的广告收入危机开始凸显，改变商业模式刻不容缓，商业模式的变革可以给企业重新找寻利润空间，让企业收入模式趋向于多元化。

（二）外包模式

随着信息多元化时代的发展，20 世纪 90 年代以来，人们越来越不满足于当下的物质需求和精神需求。随着不同传播媒介的出现以及内容的快速传递，导致受众"碎片化"的特征在媒介领域中越来越明显。消费者的需求多种多样，单一的节目内容不再满足观众的需要，电视台不得不花费大量的人力、物力、财力去打造更多好看的电视节目。由于电视台人力、物力、财力的资源有限，并不能让各个节目都达到观众想要的效果。多数电视台的无法让节目做到更好，导致有些节目的内容很不理想，影响电视台的收视率，于是大多数电视台开始进行制播分离的尝试。

经过了多年的发展，偶有不错的节目出现，但是到目前为止外包问题依

---

① 2019 五大卫视广告收入或仅 210 亿，购剧资金或不到 100 亿 [EB/OL].[2019-10-18]. http://app.myzaker.com/news/article.php?pk=5daa2b4eb15ec04ca37babbe

然严重。虽然我国大多数电视台将新闻和时政的部分由自己进行管理，其他节目版块外包出去，但是某些地方电视台将部分版块外包出去，制作出来的节目内容导致误导消费者，造成不好的影响。

（三）电视购物模式

以广告为主的商业模式并不能满足传统电视媒体的盈利需求，它们开始探索新的商业模式来创造盈利空间。电视购物可以将商品与电视传媒产业进行融合，利用电视节目来宣传产品，主要是开辟电视购物品台或者给予一个单独的节目用来宣传，大多数电视媒体都采用前者，利用直播或者录播的形式将购物的热线电话打在屏幕上，同时对产品做一个简单的宣传。电视购物模式并不像广告一样只有几分钟的时间，而是占据电视频道的全部或者大量时间进行播放。电视台并不会对宣传内容进行重点审查，使得有些宣传存在虚假的成分，导致消费者上当受骗。如果顾客没有关注这些宣传内容，将无法给顾客带来价值，也无法给企业带来盈利，电视购物商业模式的发展一直存在着问题。

二、新型电视传媒商业模式

随着计算机网络技术和数字技术的发展，新型媒体相继问世，新媒体的到来打破了原有的格局，改变了电视观众的习惯，传统电视传媒商业模式也发生了变革。随着数字技术、计算机技术的出现，使得新型媒体主要包括数字电视、网络电视等媒体相继产生。同时又有其他新技术的问世，导致新型媒体的功能增加，又使得观众的需求又得到了进一步的满足。新的商业模式也在满足消费者需求的过程中产生。

（一）数字电视的商业模式

数字电视是指从电视台信号发射到观众的电视接受信号的过程中，所有环节都采用数字技术，将所有的信号都采用数字"0"和"1"二进制的方法进行转换、接收、还原，并利用编码程序对所有环节进行编码、解码等步骤。通过这种方式进行传递区别于传统电视的信号模拟传递。由于数字技术具有抗干扰性强，便于存储等特点，导致数字电视的图像清晰、节目内容多，同时基于DVB技术标准的广播式和"交互式"数字电视，采用先进用户管理技术能将节目内容的质量和数量做得尽善尽美并为用户带来更多的节目选择和更好的节目质量效果，使得数字电视可以有多种业务，例如：高清晰度电视、互动电视等。这些特性也是模拟电视无法比拟的，随着时代的发展，数字电视将越来越成为主流，模拟电视将逐渐被时代所淘汰。

随着数字电视的到来，收费模式也开始实行。收费模式是指观众为了观看某个节目或内容进行一定费用的支付，由于数字电视除了包含传统的电视台节目，还有一些专业的收费节目。收费节目的成功与否取决与收费电视的节目内容，如果收费电视节目内容能够吸引观众，得到大众的广泛支持，那么付费节目才能够一致持续下去，但是如果节目内容一般，没有太多的吸引力，则不会拥有较多的支持者，则付费节目无法正常地持续下去，"内容为王"依然是电视节目的核心竞争力，付费电视节目更是如此。

随着数字技术和互联网技术的不断发展，数字电视和互联网也将会展开激烈的竞争，然而能够吸引观众的依然是节目内容。所以，观众为了自己的需求会去接受付费节目，只要付费节目内容能够让顾客得到满足。如果只是单纯将画面、音质、图像变得高清，内容上并没有实质上的变化，这种改变依然无法使顾客得到满足，所以观众关注的重点依然是付费节目的内容。

通过对收费节目的内容进行划分，可以将观众进行市场细分，同时也以观众的需求为出发点进行电视节目内容的制作，这样就可以打造出以"内容为王"的节目收费的模式，辅助推送一些信息和广告，将价值链延展，垂直整合电视媒体产业的上下游产业及周边产业。这种变革引发了新的商业模式出现，摆脱了以广告为主的盈利模式，将更多的精力用在节目制作上，这样可以为客户创造了更高的价值。

（二）网络电视的商业模式

网络电视又称 IPTV（Internet Protocol TV），它基于宽带高速 IP 网，以网络视频资源为主体，将电视机、个人电脑及手持设备作为显示终端，通过机顶盒或计算机接入宽带网络，实现网络电视服务。网络电视的产生改变了人们对观看电视的传统观念，以往的观念认为观众只是被动的接受各个电视频道推送的电视节目，并没有扩大自我选择的能力。然而网络电视的到来，观众可以自由的选择你想观看的内容，解除传统电视频道的限制。

虽然以往的传统电视都具有定时、单向、分频的传播特点，但是网络电视的功能更加齐全。网络电视可以通过宽带网络将数字电视、互联网上网、电视购物及其他功能，利用电视机呈现出来。网络电视也改变了传播的方向、结构和方式，传播方向由原来的单向变成互动，传播结构由原来的封闭到开放，传播方式由原来的线性到移时。[①]这种突破式的改变使得人们的主动选择性得到了提高，人们不再是被动的接受信息传送，可以主动去寻找自己的观

---

① 夏亦 熊忠辉 .2009 年网络电视发展与研究综述［J］. 现代试听 ,2010.1

看需求。由于存在这些改变，网络电视的商业模式也与传统电视的商业模式发生了改变，虽然还是以广告收入为主，由于可以搜索到每个观众的消费偏好，从而可以为某些固定的观众提供带有偏好的特定广告。为某些企业提供精准的广告投放策略，既可以节省自身和企业的资源，同时又能够有效的传播广告内容。有了消费者偏好的资源可以帮助企业细分客户和需求挖掘提供帮助，这样企业的产品开放就更加具有针对性，也为顾客获得产品和服务提供了便利。

三、三网融合背景下的跨界整合商业模式

根据国务院下发的《推进三网融合的整体方案》中指出三网融合是指电信网、广播电视网、互联网在向宽带通信网、数字电视网、下一代互联网演进过程中，网络互联互通、资源共享，能为用户提供语音、数据和广播电视等多种服务。推进三网融合是国家发展的一个重大举措，是社会信息化发展的必然趋势。加快推进三网融合，有利于迅速提高国家信息化水平，推动信息技术创新和应用，满足群众日益多样的服务需求，有利于扩大电视传媒产业的价值链，带动相关产业发展，形成新的盈利增长空间。

时代在向前发展，三网融合也成为必有之路，目前三网融合已经从概念上转为试点实施过程，对中国信息化产业的发展至关重要。三网融合使得各方价值链都发生了改变，推动了三个产业价值链重构，导致各自的商业模式发生改变，通过创新发展，有效利用各方优势，优化资源配置，节省网络资源，为消费者带来更好的产品和服务。广播电视网和互联网进行融合，双向促进工作使得新媒体产生即网络电视，然而要实现三网融合出现了一定的困难。首先，三网融合需要是要统一的技术标注和规范，电信网主要有三个生产商—中国移动、中国电信、中国网通，三者之间的技术标注和规范是不一样的，这就需要进行改变。其次，各自角色定位准确，三网融合每个人各司其职，"渠道力量"要和"内容为王"精密联合在一起，相互配合为消费者提供更好的服务，并努力为社会创造更好的价值。最后，三网融合是一个新的模式，关于利益在三者之间如何分配也是一个重要问题，需要进行探索和发展；特别是广电，作为一个特殊机构的存在，可能需要进行体制上的改革，这样才有可能为三者的融合创造有利的条件。

（一）渠道经营商业模式

以内容为主的经营模式是电视传媒产业传统的经营模式，由于三网融合的实施，拓展了传统电视媒体的经营渠道和传播渠道，使得渠道经营模式可

以顺利展开。现在的电视传媒产业开始围绕电视节目的传输渠道进行开发和运营，利用电视传媒产业覆盖面广，受众人数多的特点进行。渠道经营主要打通跨区域、跨媒体的渠道空间为企业创造更多的盈利点，由于现在的观众的需求越来越多样化，观众也呈现"碎片化"的趋势。满足多媒介的发展可以使传统电视媒体收益多元化，随着数字电视、网络电视的产生，电视传统产业从以往的广告收入转变成节目、广告、网络等多渠道的营销。由于之前单一渠道商业模式可能导致资源浪费的情况，现在可以将电视传媒企业多余的资源进行内部整合，找准各个频道和栏目的定位，按需投入相关人力、物力和财力，通过细分市场进行差异化经营。延伸产业价值链，注重电视产业的深度开发，立足于数字电视、网络电视、手机电视等新媒体，这样传统电视传媒产业才会更加具有活力和竞争力。基础业务是根本，扩展业务和增值业务立足于三网融合新技术、新媒体，让更多观众愿意付费的使用专业性服务和增值服务，例如：视频点播、付费教育、生活信息等其他新的形式。由于相应的服务给予顾客带来更好的价值服务，盈利前景巨大，有可能会超越基础业务所带来的收入，所以紧跟时代的步伐，将自己企业内部的资源优化，提升服务内容和效率，以为顾客创造价值为出发点。

（二）跨业经营商业模式

三网融合的推出，可以使企业更好的跨业合作，为了更好的充分利用资源，在充足资金的情况下，电视台开始多元化经营的发展模式。多元化战略是指企业经营两种或两种以上的产品和服务，主要目的就是扩大经营范围，增加盈利来源，防范经营风险。电视媒体可以将多余的人力、财力、物力投资于与电视媒体产业关联度较大的经营项目，同时也还可以参与其他的项目，例如餐饮、电影、旅游等其他行业。发展多元化关联度较大产业是能够充分利用电视传媒产业的资源，多元化经营其实是传统电视媒体对自我的价值的一种重新认识，由原来的简单的节目内容传递转化为信息传递。

由于广告收入占据电视传媒产业较大比重，随着广告环境日益严峻的情况，多元化经营发展可以给公司带来主营业务以外的其他收入，但是由于电视媒体是一个特殊的机构，可能会受到体制上的约束，可以采用持股或者其他的方式展开与其他企业之间的各种合作。电视媒体可以利用其自身的优势充分发挥资源传播的作用，可以让其他的领域被观众所知道，在扩大观众的认知度的同时也可以给该领域的企业进行宣传，提升企业的影响力和价值。相互之间的资源共享可以充分利用资源避免资源的浪费，合理配置资源才能让企业高效的运转。深度开发品牌栏目并拓展相关产业，既可以通过贯彻以内容为王的原则，给观众带来更好的节目，同时也可以利用电视传播进行周边产业的延伸，打造商业价值品牌。

四、传统电视传媒产业商业模式存在的问题

（一）主体性质复杂，产业活力受到制约

到目前为止，我国传统电视媒体大多数属于事业单位性质，尚未完成企业改制。由于这种体制的存在，导致传统市场无法充分市场化运作，企业缺乏市场化活力。同时在中国这样一个大环境下，电视传统媒体还肩负着政治宣传的作用，所以市场化和行业壁垒的问题一直存在，对于我国传统电视产业的快速发展有一定的阻碍作用，同时也制约了商业模式的变革。正是这种体制的存在，导致电视传媒市场模式相对固定，灵活度跟不上消费者市场的需求度，部分电视台定位不够准确，频道专业化的内容也不够吸引消费者，导致消费者普遍认同感低下，又有其他新媒体参与客户竞争导致关注下降，客户流失严重。

（二）传播形式和内容无法满足消费者需求

随着互联网的出现，信息技术不断发展，信息载体之间相互融合越来越多，信息资源呈海量化趋势，传播形式多种多样，然而我国传统电视传媒产业的传播形式单一和内容同质化导致无法满足消费者的需求。单一媒介的传播导致消费关注度不高且互动性不足，无法产生客户粘性，同时如果某个电视台节目比较火热，其他电视台就会相继模仿，导致内容创新不足，容易引起审美疲劳。没有对消费者进行细分市场，大多数电视台只是一味的追求收视率，并不一定能够给电视台带来成功。虽然市场竞争可以提高电视节目内容质量，但是多家电视台的激烈竞争必然会耗费不必要的资源，引起资源的浪费。

（三）价值链缺乏整合，协同不足导致效率低下

传统电视传媒产业商业模式单一来源于对价值链的整合不够，由于我国传统电视产业的体制存在，导致商业模式较为单一，商业模式的创新必须是以优化价值链为目标，价值链不能进行有效的整合，传统电视产业的商业模式就无法变革。从宏观角度看，我国传统电视产业价值链较短，并没有很好的进行充分延展，对于上下游的资源整合不足，环节区分不够，协调性整体不足，导致我国传统价值链出现严重。如果对上下游资源进行协调，加强上下游之间的交流，从重构价值链，使价值链能够得到很好的发挥空间。只有

通过价值链的整合才能够形成高效的价值链组合并为消费者带来更高的价值的商业模式。

（四）盈利模式单一、可持续性不足

以广告收入为主的商业模式是我国传统电视传媒产业主要依赖的商业模式，虽然最近几年略有下降，但是依然占据着传统电视传媒产业较大的收入。由于过分依赖以广告收入，其单一模式已经暴露出弊端，随着广告收入环境的恶化，电视传媒产业面临的形式非常严峻，单一模式的后续能力不足已经得到了充分的体验。需要充分挖掘其他的利润空间，在广告收入不甚理想的情况下，依然能够保证总收入的持续稳定的增长。由于之前并未能充足的拓展其利润空间，导致不能缺乏足够的经验，使得传统电视传媒产业不敢去涉足，严重制约了产业化。我国电视传媒产业必须加快转变产业模式，改变盈利结构单一的现状。

（五）传媒专业人才专业性不强，人才缺乏

在时代发展的同时电视媒体行业人才的培养也是刻不容缓。目前，我国媒体上的新闻传播存在着真实性的问题，很多新闻的内容严重造假，同时也对一些虚假的新闻进行报道，并没有仔细核查新闻来源的真实性。作为一名新闻传播的工作者，应该时刻牢记真实才是新闻最本质的东西，特别是在传统媒体上的发表，更加需要验证新闻的真实性。所以要对新闻媒体工作者进行人才培养，告诫他们不能对新闻进行粗制滥造，使他们具有高度的社会责任感和使命感的新闻工作者。

第三节　融媒体时代下电视传媒产业创新的必要性研究

随着网络技术与信息化技术的普遍应用，使得有线电视网络中数字电视开始普及。数字电视集合了新媒体的优势，同时优越性在于信号稳定可以不受天气的影响，这个特性比传统电视更好。由于数字电视采用光纤输送，极大提高了图像的清晰度，避免因信号传输问题导致信息丢失。我国已经开始采用规范化的标准，通过制定标准化技术的革新，推动着电视传媒产业向前发展。立足于大数据，在云计算的辅助下，加快实行媒介融合，突破技术上难关，完成技术上的转型升级，已经是大势所趋。

首先，优化电视技术领域的技术标准和统一规范，真正做到三网融合的有效实施，各个环节被简化，资源之间形成共享，加强对信息方面的全面管理，做到信息的全面整合，信息资源利用效率大大提高。其次，对电视传媒的技术进行升级，维护信号的稳定，信号稳定是日常工作中重要的一环节，信号调试、信号频率的输入和输出、信号接受等工作都要符合技术方面的要求，也要日常做好信号维稳的工作，从而保证电视传媒的正常工作。最后，提升工作人员的技术水平和道德素养，努力做好本职工作，由于电视传媒从节目制作到节目传输在到消费者，此间过程有大量的设备需要使用。在日常工作中，需要确保这些设备能够正常持续的工作，这样就可以保证消费者每天都能够收到电视传媒提供的信息，由于产品升级更新换代比较快，作为电视传媒的工作修理和维护人员，也需要掌握大量知识，保证设备检修，同时也要对设备进行维护，保证设备处于正常工作状态。加强对电视传媒工作修理和维护人员的管理，定期进行考核，制定突发问题的应急方案，建立健全的管理工作机制，通过定期培训和教育来提升专业技术水平。通过将责任落实到个人，重视各个部门之间的协调配合，保证高效的维修和保护。通过电视传媒产业的技术升级和设备维护的有效实施，能够保证消费者每天都能够享受高质量的信息服务，这样也推动着电视传媒产业的发展，让消费者满意电视传媒产业。

随着三网融合的进一步发展，由原来边界清晰的互联网、广播电视网、电信网慢慢向产业边界模糊过渡的一个过程，如果在融合之前不能很好的进行整合，那么将可能会导致三者之间权责混乱，影响三网融合推进的速度和成果。电视传媒的网络整合与优化势在必行，整合的方向应该是"管理中心化、运营多元化、人员制度化"。通过电视传媒产业的整合可以促进我国广电领域的快速发展。在整合中也存在着许多问题。在政策体制上，由于我国广电管理从中央到地方采用不同级别进行管理，每个级别都有着自己的管理方式，形成了独特的管理体系。所以各个级别都站在自己的利益方面进行考虑，并没有对电视传媒产业进行整体思考，导致交流信息不畅，影响行业的发展，过度竞争也会导致资源的浪费，并不能给消费者带来更高的价值。所以在网络整合上必须突破体制上的障碍。在观念上，由于我国大部分电视传媒产业属于事业制企业，如果进行网络资源整合，有可能造成利益分配不均，阻碍电视传媒行业向前发展。由于资源不均衡分配，也会导致中央、省级、地方三个层级出现严重问题。所以我们对电视传媒产业的工作人员进行观念上的转变，强调以大局为主，进行整合也会产生更多的利益，也可以避免在电视传媒产业的某些环节上资源不必要的浪费。强调资源的优化配置，既可以减少整合上带来的阻力，同时也可以让资源高效的产生价值，实现各个级别电视台的最大利益。

在进行整合的时候，首先要考虑电视传输网络的整合，我国电视主要是有限电视网，整合各级电视网将"小网变成大网"，形成规模效应，统一成为全省"一张网"或全国"一张网"，这样可以进行统一规划、统一建设、集中管理、集中运营。由于在电视传媒产业网络整合过程中利益相互牵连，不同的利益团体为各自利益可能导致推进过程缓慢，无法有效依靠市场手段来进行。通过政治手段的实施，加快电视传媒产业网络整合，促进产业的优化升级，为三网融合扫清障碍。

行政手段可以完成电视传媒产业网络整合的同时，也可以加强对电视传媒产业的宏观调控，做到上下一致、集体经营、共同收益创造新的工作模式和运营机制，形成统一、有序的市场竞争体制。

在电视传媒行业网络整合后，关于组织形式问题就成为重点关注内容，采用股份制形式还是股份企业集团形式还是要取决于我国各个地区的实际情况，经过充分的调研和分析的基础上，在进行决定。这样才能够充分发挥各个区域的积极主动性、创造性，平衡各方利益集团，避免不必要的冲突。除了组织形式问题是一个关注的重点外还有一个就是关于人员的问题，电视传媒产业网络整合后，必然会导致一些岗位的减少，使得有一些岗位人员存在失业的问题。如何安置这方面的人员也是需要深刻关注，切实落实电视传媒产业网络整合导致失业人员的转岗、转企等问题，保证他们的利益不受到侵害。

一、融媒体时代下电视传媒产业的创新研究

当今企业的竞争已经不再是产品的竞争，而是商业模式的竞争，传统的商业模式已经暴露出严重的问题，期待新的商业模式创新，通过将商业模式创新和电视产业价值链有机的整合在一起，通过深入分析和探讨，挖掘出电视传媒产业商业模式的创新，给传统电视媒体产业带来有效的帮助，帮助企业走出困境。

（一）商业模式创新的本质

商业模式的创新在于重新构造价值，通过对现有价值链的梳理，寻找新的价值链增值环节，通过对自身的资源、能力、内部环境进行分析，然后努力去寻找契合自身的外部环境和资源，将自身与外部进行融合，获得更多的发展，实现自身核心竞争力的提高所采取的一些行为。通常，传统媒体产业要进行商业模式的创新，通常会有存在一些基本问题：

1. 内容老旧，需求逐渐降低

企业在对待新的事物上面，总是比较落后，导致电视的内容跟不上时代

的步伐，逐渐被观众抛弃，在一个以内容为主的传媒产业上，内容的质量决定了，电视传媒企业的发展和收益。

2. 生产落后，更新缓慢

由于企业的内容质量导致收视率下降，收视率下降又会导致企业的效益下滑，资源开始供给不足，导致生产开始减少，更新速度大幅度降低。

3. 体制掣肘，管理人员思维僵化

由于我国的传统电视传媒企业属于事业单位，受制于国家的管理，会导致商业模式上的制约和创新，对市场需求的反应较慢，管理人员思想不够灵活，对市场意思也比较单薄，缺乏有效的市场激励。

4. 盈利模式单一，利润空间有限

我国传统电视媒体产业主要以广告收入为主，受制于广告的内容，广告的播放的时间长短以及时间段，同时也受到电视媒体的关注度影响，同时还需要符合广告播放的标准，这些都可能导致企业的收入无法有效扩大并受到限制。只有通过创新克服以上问题，才可以让企业提升自己的能力，努力追上时代的步伐。在融媒体时代来临下，坚持改革创新让企业在不断的挑战中寻找机遇，提升自己的核心竞争力，为社会创造价值。

（二）电视传媒企业商业模式的创新基于价值链视角

传统价值链的思想认为企业是在设计、生产、销售、发送和辅助其产品的过程中的一系列活动的组合，在此过程中，各个环境相互配合并产生价值。但是在价值链环节中不仅仅只有企业本身，上游的供应商，下游的渠道以及最终的消费者都是相关利益者，它们和企业共同构成了一条完整的企业价值链。如图3-1和图3-2。

图3-1 行业价值链

图3-2 公司价值链

要想处理好价值链上的每一个环节，就必须要对价值链进行管理，通过将价值链上的各种利益相关者进行有效的协同整合，创造一个为顾客提供更高价值的模式。

随着互联网的快速发展，新型媒体和自媒体的出现，信息载体的相互融合，不同的信息从四面八方而来。每个顾客都是一个信息点，不停的向外界传播着信息。传媒企业不停的收集信息、选择信息、处理信息、发布信息，将信息进行有效的价值链整合。企业和每一个顾客共同组成了一个小型网络，小型网络联成一片构成了一个收集信息、传递信息的价值网。价值网将不同空间的顾客联系在了一起。

价值链理论对传统电视传媒行业的商业模式改革具有很强的适应性，从以下两个方面可以看出：

1. 价值链理论给传统电视传媒产业带来不一样的视角，它不同于电视传媒产业组织理论、产业融合理论，而是将企业价值链与商业模式的创新进行对接，有助于传统商业模式改革，形成复合型商业模式。电视传媒价值网是一种复杂的关系结构，以消费者需求为导向，让企业以提高自身竞争力、观众满意程度、市场占有率为目的，将各个环节的利益相关者如代理商、广告商等纳入进来，利用价值链的整体协同性，为顾客创造更高的价值。

2. 价值链的整体框架对于企业商业模式的改革创新提供了新的综合研究，通过对企业价值链的延展和重构，使得企业商业模式的动力、路径、类型给出了新的框架结构，可以从整体上对商业模式进行分析，完成商业模式创新的理论框架，解决了商业模式的创新机制、动态演化及实施策略等问题。

二、电视传媒产业商业模式的变革要求

在融媒体时代下，我国电视传媒产业的新元素不断增加，如直播、VR 等新技术逐步登上传媒的舞台，并且会在将来展现出更强大的活力，媒体间的合作不断加深，各大电视传媒企业与其他媒体间展开深度的交流和合作。由于人们可以在不同媒体上获得信息，内容的时效性也大大增强，"两微一端"的产生更加促进了企业与观众之间的互动性，拉近了彼此之间的距离。但是变革依然存在，本书将从以下几个方面进行阐述。

（一）以"内容"为王，重视电视传媒产业引领作用

在融媒体时代下，传统电视媒体产业的内容依然至关重要，如果电视节目内容不够新颖，不能够给观众带来视觉上的满足，不能为观众创造价值，那样节目的收视率会下降得很快；由于关注度降低，会导致节目赞助商也不

会花大量的钱去投放在一个没有关注度的电视节目内容中，因为广告的投放带不来消费者的关注。由此可见"内容为王"依然是传统电视传媒产业的原则之一，无论传播渠道怎么变化，无论新媒体是否发生，内容始终是传统电商行业最关注的因素之一。

首先，加强电视内容的选题，使电视内容选题更加多样化，以往电视节目内容选题比较陈旧，同时往往有着一定的局限性。随着社会的发展，人们对电视内容的要求不断增高，电视内容也越来越新颖。同时，媒体之间的相互融合，给传统电视传媒提供了新的获取信息的空间，可以快速的获取观众热门话题和观众想看的节目。同时在"两微一端"的互动上，也可获取到大量的信息。围绕群众重点关注的问题，进行深度的报道和剖析，坚持事实真理，杜绝虚假宣传。由于电视传媒产业人口覆盖率高，各个年龄段的人都可以从电视上获取信息，在电视节目制作上一定要兼顾各种群体，各个具体电视节目内容可以对观众进行市场细分，也对受众需求进行努力挖掘，激发对电视节目内容的热情；开设各类专业频道，加强电视节目的品牌化，杜绝娱乐至上的内容。在信息化爆炸的时代，短视频爆发增长，斗鱼、快手等平台低俗现象严重，舆论事件炒作甚嚣尘上，作为传统媒体的主流代表，一定要充分发挥作为主流媒体的舆论引领作用，宣传正确的价值观。虽然以"内容为王"的商业模式一直是传统电视传媒产业的商业模式，但是我们依然要对内容进行改革，不再是以"看电视"被动地接受电视节目，而是以消费者需求为主导的"用电视"，通过与消费者双向互动，让消费者用电视来选择他们所需求的信息。由于数字电视、网络电视、手机电视等新媒体的产生，也由原来的"用电视"开始向"玩电视"转化，随时随地可以收看到自己想要的节目，不再是以一个固定场所来满足收看电视的要求；这种变化的存在即改变了看电视的方式，也改变了看电视的内容。

（二）改变单一盈利模式，创建复合型盈利模式

在传统电视传媒产业中，我国电视传媒产业盈利模式单一，主要依靠广告收入为主，同时外包模式和电视购物模式也带来较低的收入，这种商业模式在近几年内暴露出弊端，例如盈利空间不足，盈利收入下滑等，传统电视传媒产业迫切需要改变单一盈利的商业模式。随着数字电视、网络电视、手机电视等新媒体出现，更加进一步扩大了受众群体，随着观众群体量的逐渐增加，各个各样的需求也开始逐渐增多。通过细分市场可以将不同需求的客户进行归类，为某一需求的客户开辟新的专业频道，同时进行付费模式。这样通过创建"收费电视"的商业模式可以增加盈利空间，改变单一盈利模式，

同时也可以为客户创造更高的价值。建立"收费电视"的商业模式是比较困难的。首先，在我国传统电视传媒产业，我们的普遍认识都认为电视内容应该是免费向大众开放，而且我国的观众群体已经习惯了这种商业模式，要想转变这种观念是相当困难的。所以，在创建"收费电视"的商业模式之初会遇到阻碍，随着"收费电视"的观念慢慢深入人心，部分消费者会为自己的消费需求进行买单，在收费频道中进行付费观看。其次，虽然"收费电视"的商业模式可以顺利开展，但是要想持续下去，还是需要在付费的节目内容上进行更好处理，一旦付费频道的内容无法吸引观众或者做的不够好，还是会导致无法积累愿意付费的观众。如果付费内容不够精彩的现象持续下去，还是只能依靠单一的盈利模式，"付费电视"的盈利模式就无法开展下去。在付费频道开展的同时，我们可以减少在该频道中的广告时间甚至没有，可以尽可能地让观众保持流畅的观感体验。利用高质量的节目内容来吸引消费者进行付费，收费方式可以采取多种多样，根据消费者喜好进行设计，满足个性化的需要。随着"制播分离"的深入开展，加大以广告为主的商业模式可以向外包模式转型，通过外包模式可以拉伸产业的价值链，扩大了产业布局。由于电视台人力、物力、财力的资源有限，并不能让各个节目都达到观众想要的效果。多数电视台必须要雇佣专业人员才能提高节目内容的质量，达到观众预想的效果。如果无法让节目做到更好，导致有些节目的内容很不理想，影响电视台的收视率。外包模式可以很好地将传统电视穿越和其他的传媒公司联合在一起，共同打造观众所喜爱的节目内容，这样不仅可以优化自身人员配置，同时也可以降低人力、物力、财力成本，还可以让其他的传媒公司一起为客户创造价值，让电视节目制作趋向于市场化运作，引入了竞争的机制，有利于产品质量的提高。

虽然电视购物模式比较低迷并没有给传统电视传媒产业带来较多的收入，但是仍然具有一定的上升空间。电视购物模式低迷的主要原因在于节目内容并没有引起消费者的共鸣，同时之前的虚假广告宣传也导致消费者在一定程度上对电视购物缺乏足够信任感。首先，电视传媒还是要利用受众群体大量的特点对电视购物进行良好的宣传。在内容方面，既可以经营电视购物频道，也可以独立开展电视购物节目，同时对电视购物内容进行严格审查，杜绝一切不好的产品进入到电视节目内容，这样既误导消费者的同时也会对电视购物产生较大的打击。电视购物同样也扩展了传统电视传媒产业的价值链，让更多的企业融入进来，利用电视传媒产业的特点进行信息的宣传。

通过上述模式的相互结合，可以将单一盈利模式转变为复合型盈利模式，扩大电视产业的价值链，将电视产业的若干内容进行拆分和整合，使得电视传媒产业由以前的广告投入开始向多元化投入进行经营。在多元化产业中一定要合理配置资源，处理好各方关系，调节各方利益冲突，最终实现电视传媒产业价值链上的总体价值增加，盈利能力得到显著提升。

（三）加强电视传媒人才培养，提升行业整体素质

在当今各种传媒兴起、信息化高速发展的时代，信息传播变得多样化，新旧媒体的相互融合也促进了信息更进一步发展。传统媒体的受众群体开始不断下降，其本身也面临着较大的变革。随着融媒体时代的到来，各种媒体更加接近受众群体，更加在乎受众群体的体验感和互动感。信息群体的不同，每个受众群体也表现出不同的特点。由于有多种媒体的存在，消费者可以更加自主的选择符合自己的媒体，不在像以前那样被动的接受媒体传播的信息，同时个人也会积极寻找和阅读自己的喜欢的信息，这就对电视传媒行业提出了巨大的难题。所以，要想在融媒体时代下，运营一个涵盖各个受众群体对信息喜好的媒体是相当困难的，既要让信息具备多样性和互动性，同时还要具有时效性。一个行业的竞争已经从产品竞争转移到商业模式的竞争，最后可能是人才竞争。如果一个行业或企业想在竞争中存活下来就必须要有人才的不断引进，只有人才才能不断的为行业或企业创造源源不断的价值。所以电视传媒产业人才无疑是相当重要的一个环节，而且电视传媒人才就需要非常强的专业技能和整体素质。

在各个媒体相互竞争激烈的同时，对人才的需求也变得相当重视。那么作为培养专业性人才地方的高校也快速进行调整，以适应时代的发展需要。电视传媒产业竞争压力的增加，对于人才的需求也变得更加渴望，同时对电视传媒产业人才素质的要求也变得越来越高，目前高校教育也存在着许多问题。首先，人才培养不切合实际需要，这是目前许多学校培养人才都存在的问题，从学校走出来的大学生对本专业知识储备不足，实践能力较差，无法适应行业的要求。大多数学校都采用通适教育，有明确的培养方向或目标，但是缺乏具体培养目标的要求。多数学校没有结合自身特点来进行特定专业培养，依然是采取大口径的方式，导致自身教学毫无特点。那样就会导致学生就业没有竞争力，基础技能不强，无特点优势，缺乏创造性。其次，非常重视理论学习，对于具体实践要求不高。作为一门实践性较高的学科，除了掌握必要的理论知识学习外，实践能力也是相当重要，例如前期的内容策划，后期的内容剪辑与播出等都是需要较强的实践能力才能完成的，如果学生只能在学校中死读书，那么将在就业中陷入困境。尤其是在现代化高速发展的时代，多种媒体相互融合，电视传媒业更需要综合的创新性人才。

由于这些问题的存在，导致我国电视传媒产业的人才培养不够，专业人才缺乏，严重阻碍电视传媒产业的发展，也导致与其他媒体竞争处于不利的位置。那么高校应该积极探索电视传媒产业人才培养模式。首先，学校要结合社会需要，开设符合电视传媒行业特点的专业，培养的人才以符合电视传媒行业的需要，能够承担策划、采访、制作、播出等任务的复合型人才。灵活多样的培养模式可以给学生带来不一样的感受，包括：课堂形式、交流会形式、案例巡视。同时也应该加强各个学校之间的交流活动，促进各个学校之间的相互发展和借鉴学习，这样才能让学生全方位充分的学到所需要的知识。

其次，加强实践教学内容，通过理论学习到实践的转化，可以帮助学生更加了解实践的重要性。所以，在教学内容上尽量的多安排时间课，为今后的实习打下坚实的基础，那么开设课程实验教学就相当的重要。课程实验教学的目的旨在培养具备电视节目策划、内容制作、编排等任务的专业知识与技能相结合的复合型人才。学校开设实践课程并不能足够的满足社会的需要，同时还应该加大校企合作，促进产学研方向发展。在学校的老师的实践课可以起到一部分的作用，但是有处在一线的工作人员能够亲自传授一些东西，对学生的帮助会有更大的提高。所以，学校可以与一些电视传媒企业进行合作，促进交流的同时，也可以让学生感受到自己将来工作的情况，利用学术交流和座谈会的形式，将一些有经验的学者或者工作人员带入到学校来，他们与同学们面对面的交流，可以让学生开拓自己的思维，也可以收获社会上的经验，了解电视传媒行业的最新动态，促进将来成长。同时也建议部分传媒企业进行提供实习岗位鼓励大学生到校外进行实践学习。通过在亲身在一线工作岗位中的实习，不仅可以收获所需要的学习知识，也提高了自己的实践能力，更重要的是还提升了自己的综合素质，为后续的找工作做足了准备。最后，随着时代不断的进步，技术也不断地向前发展，作为新时代的电视传媒专业的学生要努力学习新技术，保证跟上时代的步伐。在融媒体的大环境下，学生不仅要学习理论知识和实践能力，而且还要了解新的技术，对多种传播平台要进行充分了解，同时也要对不同媒体进行深入分析，以适应在不同媒介渠道下的信息传递与交流。如果学生只会在单一媒体之间传递信息与交流，是无法胜任当今时代环境下的要求的。当今世界，各种媒体相互融合，信息已经不在像以前一样只在某个媒体之间传递，而是需要在多中媒体上发布消息，让更多的观众参与进来。所以，同学们要牢固树立全方位的媒介互动意思，培养多种媒介传播信息的能力，努力适应新时代发展的潮流。

信息化时代的到来，人们越来越关注信息的新颖性、时效性，然而有一些电视传媒工作者为了博读者的眼球，获得较高的关注，会报道一些虚假或者低俗的内容，导致行业形象受损，影响电视传媒产业的发展。所以，学校不仅要给学生传递知识的，也要提高学生的道德底线。在进入社会之后，作为一名工作者不能被利益驱使，牢记作为一名信息传递者，坚持事实真相，杜绝虚假宣传。只有学校注重电视传媒人才的素质培养，加强道德品质，让他们意识到内容真实的重要性，这样才能让这个行业健康的发展下去。

通过高校的人才教育培养模式，可以为社会输送更多优秀的人才。电视传媒产业需要不断的新的血液来补充，才能更好的创新和发展，才能努力把握住机会，跟上时代的步伐。高校的培养模式需要不断的与时俱进，学校应当设置合理的课程，加强学生的活动，尽可能的开展研讨会和交流会，充分利用学校之间的合作，不断探索新的教学模式，校内资源合理的运用，将道德素质培养放在第一位，培养出一批又一批的电视传媒产业高素质复合型专业人才。

第四节　电视传媒产业创新发展策略

三网融合的推进加快了电视传媒产业的发展，促使电视传媒产业的商业模式发生改变。新的商业模式立足于适应新的市场需求，在积极利用三网融合的机会，努力克服传统媒体之间边界问题，打破市场区域垄断等不良问题，努力做好市场点位，对价值链进行重新构建，对电视传媒产业信息服务提供整合优化，构建自己的合作区域，扩大自己的产业链，创建相关产业的利益网络，为客户提供更高的价值，为消费者带来更满意的产品和服务。

一、打造跨业合作，促进相关产业融合

随着融媒体时代的到来，广告市场出现下滑且各个频道各个时间段差别相当大。要想获得稳定且持续的收入，单纯依靠广告是不行的。为了满足电视传媒产业的生存和发展，电视传媒产业必须多元化经营，才能满足产业需要。我国电视传媒产业经过几十年的不断发展，已经逐渐向多元化趋势推进。今天的电视传媒产业比以往任何适合都适合扮演信息传递者，现在的信息传递快速发展，比以往任何时候都能够更快、更有效的影响观众的价值。消费者的需求越来越多元化，电视节目也顺应消费者的需求开始逐渐变得多元化。电视节目从简单到复杂，从单一到多元，逐步向前发展。虽然现在电视传媒产业向多元化经营，但本质上还是以主业为核心竞争力，在资金充足的情况下，扩大经营范围，扩展价值链，将电视传媒产业与多个产业融合起来，利

用电视传媒产业自身优势为其他产业提供服务；同时还可以将多余的人力、财力、物力投资于与电视媒体产业关联度较大的经营项目，同时也还可以参与其他的项目，例如餐饮、电影、旅游等其他行业。发展多元化关联度较大产业是能够充分利用电视传媒产业的资源，合理整合资源，避免资源的浪费。同时利用周边的产业的价值发现，为电视传媒产业带来更多的盈利，利用资源整合效应，深度开发品牌栏目，打造商业价值品牌。部分广电集团开始积极的实践探索，例如：上海东方传媒集团、江苏广电总台、湖北长江广电传媒集团等，他们在产业方面进行多元化整合布局，构建一条完整的价值链，包含：内容制作、媒体运营、文化传媒、旅游等多个领域。只有进行充分的资源整合，才能理清电视传媒产业与其他行业的合作，扩大价值链提高产业价值。努力打造跨业合作，促进相关产业融合，为电视传媒产业的发展开启新的道路。

二、推进网络整合，做好资源优化

三网融合的推进，对电视传媒产业是一个巨大的挑战，必须面对的就是资源优化，资源优化的重要前提就是网络整合。网络整合意味着广电总局要实现全国一张网或全省一张网的规划，让网络经营实行区域化管理，各个省都开始积极成立省级传媒集团公司。虽然网络整合依然在推进，但是网络整合还在许多方面面临着较多的难题。

首先，政策上是否进行放开，如果存在政策上的管制，对于电视传媒产业的网络整合是有一定障碍的存在，随着我国对于网络整合的逐步开放，电视传媒产业开始进行网络整合的试点运营。在市场化经济条件下，网络整合将会是一个必然的趋势。其次，网络整合涉及到很多方面，包括：资产、业务、技术等，如果这些方面没有进行妥善处理，将会对网络整合造成一定的阻碍。可以采用由简单向复杂，由下网上的方式逐级整合。我国电视传媒产业可以先对全省进行整合，将全省整合成一张网，然后在将全国进行整合，将全国整合成一张网。各省和全国可以成立省级传媒集团公司，同时各个市或者区成立分公司，由省级传媒集团公司负责管理和运营。因为各个地方环境不同，区域优势不同，可以因地制宜，采取适合地方发展的方式进行实施，同时对落后地区加大扶持力度，加快网络建设，保证各个地区的网络整合实施。还需要防范中央、省级、地方三者之间的利益冲突，保证三者之间的利益平衡问题，减少不必要的矛盾冲突，可以有助于加快网络整合，促进网台分离、局台分离等情况，建立清晰的产权结构，保证资产重组的顺利实施。最后，技术是支撑网络整合的重要方法。随着我国科学技术不断发展，电视传媒产业的技术也在不断的发展，正是因为技术的发展才导致了新媒体的产生，包括：数字电视、网络电视、手机电视等。技术的发展也给电视传媒产业带来了巨大的增值业务的空间，由于受制网络整合的标准统一，各地网络的整合还未能达成一致，所以导致目前网络整合受限，对接上存在严重障碍。随着三网融合的进一步加深，网络整合的标准将会出现统一，消除网络整合障碍，为电视传媒产业带来巨大的升值空间。网络整合的推进可以加快资源优化，减少资源不必要的浪费，为社会创造更高的经济价值，同时也能提高电视传媒产业的服务效率，是的消费者的价值得到提升。

三、做好市场定位，打造专业频道

消费者需求的多元化，导致电视节目产品开始多元化的发展。中央电视台对央视频道进行了分类，将各个央视频道进行了定位，从而方便消费者进行观看和选择，例如：中央5台负责播放体育类赛事，中央15台负责播放音乐类节目等。地方电视由于受到区域限制，可以观看的频道除了央视还有卫视和地方电视台。各大卫视也开始逐渐找准自己的定位，推出自己的特色节目，例如：湖南卫视作为娱乐节目的领头羊，一直在娱乐收视方面占有较高的市场关注度，综艺娱乐和电视剧是湖南卫视的主打产品；浙江卫视也在娱乐方面后来居上，某些节目产品甚至超过湖南卫视，拿下那个时段的收视宝座，而其他的卫视也会推出自己的主打产品节目，让观众尽可能的进行选择，提高观众的满意度。虽然每个卫视都会推出自己的主打产品，但是在某些节目性质上会出现一些大致类似的节目。前几年，由江苏卫视推出的大型真人相亲类节目《非诚勿扰》火遍全国，其他卫视开始纷纷效仿，湖南卫视立马推出《我们约会吧》，东方卫视也推出了《百里调一》等相亲类节目，导致节目同质化现象严重；最近几年，由浙江卫视推出的大型真人秀节目《跑男来了》，一经推出也是立刻在全国引起了轰动，其他卫视也相继推出类似大型真人秀节目《极限挑战》《24小时》等，也是同质化现象严重，导致拉开收视率的差距就是在节目内容上，同时还有参加这些节目的人员上。所以，即使是同质化现象严重，但最终还是能在收视率上体现出差别的最重要原因是节目内容制作。一个好的节目内容能够给大家带来认同感、快乐感，在进行节目制作的时候一定要突出自己节目内容的特色和主题，只有这样才能拉开差距，一味的模仿并不能够成功。在做节目的时候一定要仔细分析频道所处的位置以及频道的定位，并根据自身的资源进行节目创作，否则不仅浪费资源同时还会对频道产生不好的影响。在分析自身内外部环境的时候，还需要突出节目制作的独创性和新奇性，去挖掘观众的需求，善于发现市场商机，培育市场群众，这样才能做好市场定位。既然有些频道已经做好了定位，并细分了受众市场，那么就要进行专业化频道管理，具体的目标就是培养固定的收视群体。专业频道应该以该专业为主题节目，主题节目占据该频道的主要时间段，其他的部分时间段可以转播其他节目，如果专业化频道的受众市场定位过大，会导致该频道不专一，容易让人理解为"准综合"频道，这样是违背了专业频道的初衷。这种现象依然存在，主要原因在于过分看重收视率，而部分专业频道的受众市场较小，无法提供稳定的关注，这样就会导致广告价格会随着收视率而变动，然而广告又是电视传媒产业的最主要的经济来源，所以专业频道为了扩大收视率吸引观众，去转播其他节目来提升广告的效益；忽视了细分市场的潜在价值。除了收视率的问题，另外一个重要原因就是节目制作能力，由于关注的受众群体较少，导致收益不高，节目的数量和质量比较有限，不能满足专业频道管理的要求，只好在非黄金时段播放一些其他节目。这种经营困境必须得到解决，否则专业化频道无法继续向前发展。第一，开设专业频道之前，做好前期市场调查工作，努力分析专业频道的受众群体，进行精准的目标群众定位；第二，在开设专业化频道的前期，管理团队可以得到一些资金的扶持和政策优待，努力做好专业化频道的管理，为后续的发展打下坚实的基础。第三，专业化频道的管理要从长远利益出发，虽然短时间关注人数较少，部分节目做的不够理想，但是只要长期的坚持人数会逐渐增多，努力为观众服务，提高受众群体的满意度，培养受众群体的忠诚度，努力挖掘市场潜力。第四，扩大宣传力度，提升节目质量和节目制作能力。由于观众长期受到综合节目的影响，较少的观众知道专业频道的存在，所以需要扩大宣传，让更多的人了解专业频道，但是要想让观众留下，依然是"内容为王"。如果专业频道的节目制作能力和节目内容无法让观众得到满意，依然会导致观众的流失，关注度下降，所以必须提高专业频道的节目制作能力和节目质量，紧紧贴近专业频道的主题内容，形成一定的品牌影响力，为观众提供更多的服务。

第四章　电视文化多元融合发展

随着经济全球化的趋势，文化全球化已成为世界文化的发展趋势，不同文化体系间不断交流融合，呈现了多元一体的态势。在这样的文化语境下，电视文化也呈现出多元融合发展的面貌。

第一节　人类文化的多元化

文化多元化和差异化是人类文化存在的基本形态和显著特征。美国人类学家露丝·本尼迪克特在其《文化模式》一书开卷中这样写道："开始，上帝就给了每一个民族一只陶杯，从这杯中，人们饮入了他们的生活。"这是美国迪格尔印第安人的一句谚语，"陶杯"隐喻不同民族所拥有的独特文明，不同民族在漫长的历史进程中，为适应自己所面临的生存环境生成和发展出自己的生活方式和文化内容，创造了属于自己的文化，本尼迪克特引用它来阐述文化多元性的观点。

一、文化多元化

（一）"文化多元化"概念理解

对于文化多元化的理解和认识，学者们有多种理解，并持有不同的态度。1996 年，在全球化刚刚兴起的时候，一些学者对汹涌而来的外来文化感到忧虑，"改革开放以来，在社会经济文化空前发展的同时，西方思潮乘机涌入，封建迷信沉渣泛起，庸俗低级的'通俗文艺'泛滥成灾。有人把这种文化现象称之为多元化的文化。"[①]认为这只是文化的多样化而非多元化，这些多样的文化对信仰、历史、科学等思想都形成了较强的冲击。乐黛云认为多元化的提出本身是全球化的结果，"这些都说明当今文化并未因世界经济和科技的一体化而'趋同'，而是向着多元的方向发展。后殖民主义显然为多元文化的发

---

① 林焕平.文化多元化的可忧虑现象 [J].内部文稿,1996（2）:1-3+18.

展奠定了基础。"① 也有学者认为，文化多元化是指不同民族、国家文化共存的一种状态；"文化多元化是指各民族在现代化发展过程中形成的生活方式"。② 还有学者认为，文化多元化就是在坚持社会主流文化的前提下，允许多种文化交织、兼容、发展的态势。③ 李庆本认为，文化多元化不仅是不同民族、多种文化的共存共荣，还是一种新的思维方式，"文化多元化的含义也是多层次的。它不仅仅是指在全球范围内不同民族文化的共存共荣，而且它也意味着在某一单一民族国家中的传统文化对其他民族文化的宽容以及必要时的吸收，最重要的是，文化多元化还是一种新思维，它要求人们从传统的一元式思想方法转变到多元式思想方法，从绝对论转变到相对论。"④2001 年 9 月 11 日，联合国教科文组织通过的《文化多样性宣言》中提出"文化多样化"概念，并阐释"文化在不同的时代和不同的地方具有各种不同的表现形式，具体表现为构成人类各群体和各个社会的独特性及其全部独特性所构成的多样化"。虽然对于文化多元化存在不同的理解，但从不同的阐释中还是可以看到大家对于文化多元化的理解存在着一定的共识。即，不同的民族、国家或地区形成了各自不同的文化现象，并具有较为完整、成熟的文化样态，形成了不同样态的文化单元；不同文化单元之间是存在着差异性的；在一定条件下，来自不同文化单元的一些文化现象交汇到一起，共存于一定的时空之中，并不断碰撞、交流、融合，这种多种样态文化在同一时空中并存、共同发展的状态我们称之为"文化多元化"。"多样"文化是不同文化的具体表征，"多元"文化指向文化现象背后的源流和体系，是对多样的文化表征进行的系统性归类与认识。

（二）文化多元化表现

不同地域的自然环境、生活习惯滋养了不同的文化；不同民族、不同信仰也催生了各具特色的文化形态；具有差异化的文化形成了多元的文化景观，其表现形态可以从不同维度来把握：

1. 地域文化

人们在特定区域环境生活中，与环境空间相融合，形成了具有浓郁地方特色的风俗习惯传统，人们常常用地域来区分不同地域人们在历史发展进程

① 乐黛云. 全球化趋势下的文化多元化 [J]. 深圳大学学报：人文社会科学版,2000（1）：69-74.
② 温雪梅. 文化全球化与文化多元化的辩证关系 [J]. 天津市工会管理干部学院学报,2003（4）:37-42.
③ 杨雪英，朱凌云. 论文化的多元化与高校思想政治教育 [J]. 中国高教研究，2006（6）：60.
④ 李庆本. 全球一体化与文化多元化 [J]. 中国文化研究，1999（1）:127-131.

中创造的特色鲜明的文化。如：东方文化、西方文化；中国文化、欧洲文化；希腊文化、阿拉伯文化、爱琴文化、埃及文化等。中国地大物博，有着风格各异的地域文化，如荆楚文化、巴蜀文化、齐鲁文化、燕赵文化、中州文化、关东文化、川藏文化、两淮文化、西域文化、草原文化、吴越文化、八闽文化、三秦文化等等。

2. 民族文化

民族文化是指某一民族在长期的生产生活实践中产生和创造出来的文化，体现了该民族在物质、精神生活方面的特点，民族文化在居住、服饰、饮食、风俗、信仰、语言文字、哲学艺术、科学技术等方面与其他民族相区分，同时，民族文化也深刻反映着该民族社会、政治、经济等方面的状况。世界上有2000多个民族，不同民族基本上都拥有自己独特的文化。如汉族文化、印度斯坦文化、孟加拉文化、俄罗斯文化、墨西哥文化等等。我国有五十六个民族，每个民族都有着自己的文化内容和特点，五十六个民族的文化汇聚成为璀璨的中华民族文化。

3. 信仰文化

信仰是人们信从并希望到达的目标指向，体现为一种强烈的信念。信仰是人们对自我存在和生存意义的赋予和精神、心灵的归宿。人类最原始的信仰是对天地的信仰和对祖先的信仰，随着人类社会的发展，信仰逐渐多样化，存在着多种维度的不同信仰文化，如家族信仰、民间信仰、科学信仰、宗教信仰、共产主义信仰等等。在多元文化背景下，我国存在着许多种不同的信仰文化，如在民间信仰中，存在着祖先信仰、鬼神信仰、图腾信仰等文化；在哲学思想方面有着儒家信仰文化、道家信仰文化、佛教信仰文化等。我国坚持走社会主义道路，共产主义是共产党人的坚定信仰。

尽管人类文化呈现出多姿多彩的样态，但各种文化并不是孤立存在的，不同文化之间在一定条件的推动下总是发生着交叉、碰撞、融合，并在交汇融合中相互吸收借鉴、不断发展。从古至今，在征战、贸易、航行、游历、务工等带来的人口流动中，不同文化发生着交流融合。我国文化有着开放包容的传统，如唐朝在多元文化的交汇下蓬勃发展，促成了文化的繁荣；在古代丝绸之路上，随着中外在丝绸、茶叶、玉石等方面的贸易交往，中华文明、西方文明、印度文明、伊斯兰文明、斯拉夫—东正教文明等文化得以交汇融合，孕育出了多元融合的西域文明，其中既有中华文化的留存，也有西方文化的痕迹。哥伦布发现新大陆开辟大西洋航线后，不仅引起欧洲贸易中心的西移，也将欧洲文化带到了美洲大陆及航线上的各地，与本土文化融合后得到进一步发展。21世纪，全球化发展促进了各国、各民族文化的大交流，文化多元化成为人类社会不能回避的文化生存环境。多元化语境下，各种文化处于平等生存和发展的关系之中，平等共处、和谐发展是多元文化发展的基本原则。另一方面，当我们在某一社会、民族为主体的文化体系中来探讨文化多元化问题时，通常主要以某种文化为中心探索不同文化的并存、对话，其主旨在于维护并倡导在世界范围内各民族文化相互尊重、平等对话、公平竞争、共同发展。

（三）文化多元化的实质

文化多元化是由文化的内在结构决定的。文化是个整体性概念，体现出表层的和内在的结构层次，其表层文化形态，如人们可以具体感知的饮食文化、服饰文化、居住文化、语言文化等；内在层结构由知识、思想观念、价值观、信仰等构成，它们被称为文化的核心内容，常常通过表层文化体现出来。作为一种思维方式和价值认知，不仅深刻影响人们的精神和思想，并通过影响人们的价值选择影响人们的行为模式和价值选择，从而影响并决定表层文化形态。因此，居于文化深层的内在结构是不同形态文化形成的基础，内在结构的本质区别导致了不同形态文化的差异性特征。

文化多元化的实质是价值多元化。价值观是文化的核心。蕴涵在不同文化核心的价值观和思维方式塑造了不同文化的表层形态，如各具特色的文化心理、生活方式、风俗习惯和行为模式等。价值观是形成文化独特性和稳定性的重要因素。不同的价值标准与追求形成了不同的文化内涵，体现出不同的价值标准、价值选择和价值追求，文化多元化实质上就是价值观的多元化。全球化语境下，外来文化与本土文化交织，保守文化受到开放文化的冲击，落后文化受到先进文化的洗礼，多种价值观渗透到某一文化的核心内涵之中，为文化的多元化提供价值基础。多种价值观的传播和树立也为人们提供更多的价值思考和价值选择，并通过行为模式和方式体现出来，使文化的多元化具有了表层的显性特征，呈现出文化多元化倾向。

多元化是文化发展的基本样态。俗话说"一方水土养一方人"，独特的环境和条件催生了差异化的文化形态，它们不仅在人文环境、风俗习惯、历史传统方面存在着显性的差异，在思维方式、行为模式和价值观念也存在较大的差异性，多元发展是文化发展的基本特征和规律。来自不同性质、特点和背景的文化汇聚在一起，必然在思想观念、价值理念和行为方式等方面产生冲突并吸收借鉴、相互融合，多元价值观念、多元价值选择、多元行为模式共存是人类文化的客观现实，多元化是人类文化生存和发展的基本样态和必然趋势，积极应对并兼收并蓄、和谐共生是多元文化环境中文化发展的应有之姿，也是文化发展和繁荣的必由路径。

二、中华文化的多元化

中华民族是多民族融合的大家庭，不同民族有着自己独特的文化传统和文化特色。中华大地幅员辽阔，千里不同风，百里不同俗，有着多样性的地域文化。有着悠久历史的中华文化在漫长的发展过程中，经历了不同时期的文化积淀和多次各民族、各地区的文化交流与融合，在兼收并蓄其他优秀文化基础上形成了百花齐放的多元文化体系。其中，较为典型的是春秋战国时期，魏晋南北朝、隋唐时期以及近当代的文化繁荣与融合。

（一）春秋战国时期：百家争鸣

春秋战国时文化思想空前活跃，对我国文化发展影响深远，基本形成了我国传统文化体系，奠定了中国文化的发展基础。百家争鸣是指春秋战国时期思想领域不同学派涌现，以及各学派著书立说，游说争辩的局面，这是中国历史上第一次思想解放运动，是我国学术文化、思想发展的重要历史阶段。"百家"指春秋战国时期的"诸子百家"，主要包括法家、道家、儒家、墨家、兵家、农家、医家、阴阳家、杂家、名家、纵横家等等。其中，影响较大的流派有儒家、道家、法家、墨家思想。儒家学派由孔子创立，其思想核心为"仁"，提倡教化和仁政；强调"仁"与"礼"相辅相成，图重建礼乐秩序。老子创立道家学派，提倡"无为而治""小国寡民"的政治理想，主张"道法自然"。法家以商鞅、韩非为代表，提倡以法治为核心，以富国强兵为己任，主张以法为教，以吏为师；法家强调以人性观为基础的诚信观、义利观。墨家的创始人是墨子，主张"兼爱""非攻"，即人与人之间平等友爱，反对侵略战争；崇尚"节用"，重视"明鬼"（继承前人的文化财富）等。百家争鸣是中国思想史和学术史上空前繁荣和极为活跃的一次盛会，为各朝代的统治者提供了各种治国思想。各流派之间相互批驳、吸收、融合，形成了多元思想共生的传统文化体系，开辟了多元文化的先河。

（二）魏晋南北朝时期：民族文化大融合

魏晋南北朝时期的文化多元化主要表现为外来文化与本土文化融合，民族文化的大融合。魏晋南北朝时期又称"三国两晋南北朝时期"，是自秦一统天下后出现的第一次大分裂时期。这个时期政权更迭频繁，三十余个大小王朝交替兴灭。连年战争和多变政局带来了地域、民族的大迁徙和大融合，对这一时期的中国文化也产生了较大影响，其中较为突出的一是地域文化的融合,即在北方游牧民族入侵过程中带来的草原文化与黄河文化的融合;为躲避战乱向南迁徙的汉人促成的中原文化与南方文化的融合;以及黄河文化、南方文化在外来文化冲击之下的变迁与复苏。二是出现了规模较大的民族文化融合。在南北朝时期,聚居北方的五大少数民族——匈奴、鲜卑、羯、氐、羌纷纷崛起并建立各自政权,各族首领先后建起十六个政权,史称"五胡十六国",由于少数民族政权变更极快,并在政局变更过程中不断进行民族融合、文化融合。少数民族学习汉族的制度、礼仪,如孝文帝顺应历史潮流坚持改革,不仅迁都洛阳,还大力推行"胡人汉服""汉人胡食",以及学汉语、改汉性、通婚姻等措施;而游牧民族文化中的尚武精神、开拓精神、吃苦耐劳的精神以及纯朴豪爽的民风也被汉民族所吸收。各民族在生产生活中通婚杂居、相互学习,文化差异逐渐消失,形成了新的民族认同和文化认同,实现了民族大融合。在民族文化融合基础上,魏晋南北朝时期的宗教文化也得到了丰富和繁荣,如玄学的兴起、道教的创制等。同时,儒学、佛教等也得到了进一步的发展。

(三)隋唐时期:中华文化大发展

隋唐时期的中华文化显示出历朝历代少有的开放性,呈现出宏大的政治经济文化格局,是较为典型的多元文化并存的历史时期。魏晋以来的胡汉融合为隋唐文化发展奠定了基础,改变了传统单一的汉文化或中原文化局面,形成了胡汉一体且兼具中原农耕文化和北方游牧文化传统的新文化。隋朝时期完成了中国的南北统一,京杭大运河的开通促进了南北方文化的交流融合;唐朝时期中国经济文化高度发达,国家富庶、文化繁荣,国力强盛。高度发展的中国成为亚洲各国的经济文化交流中心,对东亚周边国家乃至世界都产生着重要的影响,与世界各国的联系也得到进一步增强。隋唐时期的政策相对开明,文禁较少,科学技术、天文历算进步突出,文学艺术百花齐放、绚烂多姿,诗词歌赋、舞蹈、音乐、书法、绘画、雕塑等都取得巨大成就,并对后世产生着重要的影响。同时,开放的政策也吸引了来自西北地区的少数民族以及中亚、日本、朝鲜等国的外国人长期集聚中国的长安、洛阳;满载货物的商船航行在对外出口的航线上,骆驼、马匹往来于丝绸古道,中国的瓷器、丝绸以及造纸术、印刷术等随之对外输出,对世界文化产生着深刻影响;而世界各国的饮食、服饰、科学、宗教、艺术等传入中国,在外来文化与本土文化的交往中,在各民族文化频繁的往来中,各国各民族多元文化得以交汇融合,使隋唐时期成为中华文化发展的一个高峰。在这一时期,我国宗教文化得到进一步发展,尤其是佛教发展兴盛,佛学水平超过印度并取代印度成为世界佛教的中心；波斯人创立的祆教、西方基督教的支派——景教、波斯人创立的摩尼教等也传入中国并得到发展。在隋唐时期的文化大繁荣和频繁的交流中，中华文化得到大发展大繁荣，显现出朝气蓬勃的活力与生机。

（四）近代历史时期：西学东渐

19世纪末20世纪初，中国近代文化再次呈现出的空前繁荣景象影响深远，胡适先生称之为"中国的文艺复兴"[1]。近代中国社会动荡混乱，外有强国侵略，内有军阀混战，处于半殖民半封建状态。西方文化以侵略者的坚船利炮为后盾迅速在中国扩张，民族危亡、内忧外患之际，一批爱国志士为争取民族独立，主动打开视野向西方学习先进的知识和治国理念，探索救国图强之路。在他们学习和探索中，西方的民主思想、科学精神在中国得以传播；同时，马克思主义、科学主义、无政府主义、自由主义、实用主义、新村主义、尼采哲学、工读主义、易卜生主义等国外社会思潮也得以传入并广泛传播，多元思潮和文化的涌入形成我国近代史上壮丽的文化景观，为近代文化的繁荣与发展注入了活力，同时，也对我国传统文化形成了较大的冲击，传统文化在西方自然科学、社会科学以及民权、民主、平等自由的提倡和传播冲击下不可避免地发生着一定的变迁，如经学的衰落、科举制的废除、封建伦理纲常支配地位的没落、传统四民社会秩序的瓦解等。经过西学东渐的洗礼，我国学术体系、思想文化被重新建构；多元化的政治主张及思潮为中国政治及民主革命产生着深刻影响；火车、铁路、汽车、自行车以及西方的通讯工具日渐普及；中国传统社会中以家庭、家族、地域社会为中心的社会基层开始逐步瓦解。近代历史时期的文化发展整体趋向是开放式、多元化的，这一时期的文化具体表现为新旧一体、中西并存，雅俗共赏，同时体现出浓厚的政治色彩。

（五）当代多元文化发展

20世纪末期，随着经济全球化发展，以及高度发展的信息科技技术使得各个国家之间在政治、经济和文化上的联系进一步增强，各国间相互影响、彼此依存程度不断加深，世界向新的部落化发展。全球化推动了多元文化的进一步发展，首先表现在全球化带来的殖民体系的瓦解上，获得合法独立地位后的原殖民国家需要通过自己的民族文化确认其独立身份，从而推动了这些国家在文化方面的多元化发展。其次全球化促使了各种文化中心的解体，人们怀着好奇与探索的心理对世界进行探寻，视角多元、需求多元，他们在

---

① 姜义华.胡适学术文集——新文学运动[M].上海：中华书局，1993:285.

多元的文化中吸收新知丰富自己的同时，也在多元文化的对比中对自我重新进行认知并得到发展。再次，全球化背景下的经济与社会发展为人们带来了物质文化与精神文化的丰富，创造了更加便利的获得多元文化的条件，推动了多元文化的快速而广泛的传播与发展。在这个时期，如何在多元文化互相借鉴、吸收基础上发展本土文化，保护民族文化的多样性成为重要的研究课题。我国当代多元文化体现在多个层面，既有以马克思主义为指导的社会主义主流文化和追求个性独具的非主流文化的融合发展；又有以儒家文化为主体的传统文化和以美国等西方文化为代表的外来文化碰撞；还存在着其他较多的亚文化系统，如乡村文化、城市文化、社区文化、企业文化、校园文化、部队文化、网络文化等；还有着多元的宗教文化体系。这些文化使我国当前文化呈现出多元共存的繁荣景象，在这些文化的多重碰撞与交融中，我国文化得到发展和进步。

第二节　电视多元文化表征

随着传媒行业的市场化发展，我国电视文化打破了过去固步自封的状态，以开放的姿态兼收并蓄，在内容和形式上不断丰富和创新，电视事业日益繁荣，多元文化成为其亮丽的一道风景。

一、电视文化多元化内涵

文化多元化是人类文化的基本面貌。我国电视文化多元化是在我国改革开放的进程中，随着思想文化的不断解放和传媒技术的不断发展而逐步表现出来的文化样态。电视作为信息传播工具和重要的传播媒介之一，它既传播文化也建构文化，在文化传播和社会文化建设方面起着重要的作用。

电视文化多元化首先是我国文化多元化的具体体现。作为文化传播的重要传播工具，电视传播以人类创造的丰富多元文化为传播对象，推动多元文化得到传播和交流。同时，为受众提供宝贵的文化财富和人类的思想精华，使受众得到人类文明的滋养，并在知识结构、价值观念、行为方式、审美趣味等多方面受到熏陶和启迪。多元文化为电视文化传播提供了丰富的传播内容，使电视文化呈现出多元化的景观。

其次，电视文化多元化是我国改革开放发展的必然结果。我国电视媒体发展初期，由于受到电视技术以及对电视媒体功能认识的局限，电视传播在内容和形式方面表现单一，电视文化也呈现出封闭、单一的面貌。随着改革开放带来的思想解放和技术发展，电视功能得到进一步拓展，电视传播能力得到进一步提升，电视传播业务在思想上得到解放和突破，广告等多样化节目得到发展，电视台运营模式不断丰富；同时，还在向国外节目进行交流借鉴中积极吸引创新，便利传播的节目内容和形式更加丰富，逐渐从单一化走向多元化，推动了电视文化的多元化发展。

再次，电视文化多元化是电视媒体传播特性的生动体现。欧阳宏生先生在其著述的《电视文化学》中这样阐释了电视文化多元化与电视传播特性的关系"作为电视节目文本形态上的电视文化实际上是有着高度的开放性和综合性的。它以自身特有的魅力，用丰富的内容、活泼的形式反映广阔的社会生活，并由此而广泛介入社会生活，进而影响和改变着社会生活的方方面面。正因为如此，电视文化表现出其文化的多元性来……"① 电视是 20 世纪初诞生的传播媒介，以其生动的视听语言、便捷的传播方式受到受众的广泛青睐，迅速发展成为重要的传播媒介。电视媒体语言生动具体、叙述方式多样化、创作手段灵活多样，能够在广阔的时空中进行意义表述和情感书写，这些传播特性为电视文化多元化提供了条件。

第四，电视文化多元化是我国民族文化发展的客观要求。在全球化时代，不同民族、国家文化交流日益频繁而广泛，在不同异质文化冲突融合中，本土文化生存发展和文化多样性问题成为人们关注的焦点。学者张红霞认为，文化多元化有利于保持文化的生态平衡、反对文化霸权主义、化解民族冲突等。② 文化多元化是价值观念和思维方式的多元化，延续并传播多元文化，是推动多元文化包容共存、融合创新并达到"和而不同"境界的重要路径，也是推动我国民族文化发展的重要保证。

二、电视文化多元化体现

电视主流文化。主流文化是在一定的历史时期受到倡导并对社会起着主要影响的文化，主流文化在社会的思想文化中处于统治地位。作为意识形态阵地之一的我国电视媒体所传播的电视主流文化也就是我国的主流文化，即中国特色社会主义文化。中国特色社会主义文化是中国共产党领导人民在革命和建设、改革实践中创造的社会主义先进文化，它植根于中国特色社会主义的伟大实践，根源于中华民族五千多年的优秀文化传统，是中华民族优秀传统文化的凝结与升华，它积淀了中华民族核心的精神追求和最根本的精神基因，是中华民族发展壮大的文化滋养。在多元文化背景下，电视主流文化传播坚守中华文化立场，传播民族文化成果及智慧，坚持以人民为中心，引

---

① 欧阳宏生.电视文化学 [M].成都：四川大学出版社，2006：6.
② 张红霞.论文化多元化的特点、实质和意义 [J].国外社会科学,2010（4）:83-87.

领社会主义先进文化；在电视传播中，积极培育和践行社会主义核心价值观，在传播内容、形式、趣味、审美等各个方面对受众进行润物无声的教育引导，创建社会主义精神文明，提升公民的思想道德素养和科学文化素质。主流文化引领和传播以及主流文化建构是电视媒体实现其社会价值和政治属性的重要体现。

电视大众文化。对西方工业社会进行全方位洞察的大众社会理论认为，19世纪末到20世纪初人类进入到大众社会阶段，在大众社会，传统社会结构、等级秩序和统一的价值体系被打破，社会成员是未被组织化的、分散的、均质的、原子式的存在，从而成为规模巨大的，具有分散性、匿名性、流动性的"大众"。大众文化是大众传媒以现代技术为手段进行批量化生产的当代文化消费形态。"大众"和"大众文化"都是现代工业和市场经济充分发展的产物。大众文化贴近世俗生活，带有较为鲜明的世俗化倾向，其特点主要表现为通俗化、娱乐化、流行化。大众文化是电视文化的本质特征。首先，电视作为大众传媒之一，其传播和服务的对象是大众，电视文化依托大众而具体呈现出来；其次，电视大众文化具体表现在节目内容和形式的大众化定位。电视在面向大众进行内容传播过程中，需要通过具体生动的人物形象、典型的具体案例进行传播，使意图意义能够实现有效传播，引领大众的精神文化生活朝着先进性发展。如，近几年来电视媒体制作播出的《舌尖上的中国》《中国诗词大会》等弘扬民族文化的节目，对于优秀民族文化的传播与传承起到了重要作用，同时，也提升了大众的审美趣味。另一方面，大众的兴趣和选择对电视大众文化传播起着不可忽视的能动作用，成为电视媒体改革创新的重要推动力。第四，电视大众文化发展中的负面现象。在高度市场化和商品化环境下，部分电视机构为赢得市场和受众过度迎合受众趣味，放弃精英文化和精品意识，出现了庸俗、低俗、流俗的倾向，致使媒体社会责任和社会价值的缺失。因此，如何在大众文化发展中把握好度，并处理好大众文化与主流文化、与精英文化的关系，做到恰到好处的融合，并寓教于乐让受众喜闻乐见，是电视媒体应该重视的问题。

电视精英文化。"精英"意为精华，指最精粹、最美好的事物。精英文化又名"高雅文化"，意指最具经典性的文化内容。精英文化是与大众文化相对的一种文化现象，强调价值内涵和超越性本质。在文化研究学者看来，精英文化是受教育程度较高的知识分子或素质较高的文化人所创造传播的文化。"精英文化作为知识分子文化的主要表现形态，在当代中国的社会文化生活中占有着十分突出的地位。……'精英'是指社会为其设置专门职业或特殊身份的知识生产传播应用者。精英文化在精神上与中国传统的士大夫文化一脉相承，'以天下为己任'，承担着社会教化的使命，发挥着价值规范导向的功能。"① 俞虹认为电视精英文化是指"以知识分子话语和艺术家经典作品为中心的文化形态。……若广义地理解，精英文化还可以涵盖那些倡导时尚理念与反映精品生活方式的节目"。② 在对电视精英文化的研究中，学者们普遍认为电视精英文化是知识分子文化的主要表现形态，是优秀、经典作品的具体荟萃和展示，是知识分子通过在电视上传播作品实现的对现实社会的权威解读和批判认识。精英文化传播有利于提升人民群众的文化素质，有利于新知识、新观念、新方法的传播。电视媒体作为大众传播媒介，有着传承和发展人类文化、推动人类文明的重要责任和义务，通过精英文化传播，以及通过精英文化与主流文化的结合，电视媒体可以把关和引导社会文化的发展方向，有效实现自身社会价值，在推动社会文化健康进步发展中充分发挥积极作用。

电视娱乐文化。娱乐节目是电视节目传播中的重要内容之一，电视娱乐文化是电视多元文化中不可忽视的一维。考察电视娱乐文化的兴起大致有以下几个层面的原因，一是大众文化发展使得电视传媒在话语方式上进行娱乐化革新，通过较为轻松愉悦的方式来传播信息，使大众更容易接受和理解。二是现代生活的压力和传媒市场的激烈竞争推动了电视娱乐文化的发展，轻松娱乐的电视节目可以帮助受到现代生活压力的大众放松心情，松驰紧张情绪，同时也能更好地激发受众对电视传播的兴趣。三是受西方娱乐节目的影响，多种类型和制作模式的娱乐节目被引进或进行本土改造，不仅极大丰富了电视节目的内容，同时也获得了市场的成功，这也进一步推动了我国电视娱乐文化的发展。我国娱乐节目的具体表现形式有：娱乐化新闻，如《娱乐百分百》（台湾·GTV综合台）；谈话类节目，如《鲁豫有约》《艺术人生》《音乐不断歌友会》等；音乐类节目，如《回声瞭亮》《我爱记歌词》等；综艺类节目，如《综艺大观》《快乐大本营》等；游戏类节目，如《智勇大冲关》《一站到底》等；真人秀节目，如《爸爸去哪儿》《演员的诞生》等，此外还有益智博彩类、相亲交友类、影视剧等等。电视娱乐文化在发展中依托传媒技术不断创意创新，表现出不稳定性、社会性、潮流性、互动性等特点，注重知识、情感与体验的结合，节目制作方面突出对抗性和戏剧性叙述特征。我国电视娱乐文化追求"寓教于乐"的精神本质，要求体现思想性与艺术性，"教"与"乐"互为表里，相互协调，共同推动中国广播电视娱乐节目向健康良性化方向发展。

---

① 邹广文. 当代中国的主流文化、精英文化与大众文化 [J]. 杭州师范学院学报：社会科学版，2002（6）:12-16.

② 俞虹. 电视精英文化生存价值辨析——《开坛》、羊肉泡馍与总统套房的断想 [J]. 中国广播电视学刊，2005（10）:62-63.

电视消费文化。电视消费文化与大众文化一脉相承，是在现代工业化背景下的现代传媒进行的大批量生产与传播，并将其产品纳入市场经济运行轨道的结果，是现代工业社会充分发展的产物。电视消费文化的兴起受到了一些学者的质疑，如法兰克福学派的霍克海姆和阿多诺认为，大众传媒的"文化工业"为人们提供精神娱乐和消费的文化商品，在市场和商品机制运行中的消费文化使艺术丧失了其超越性和创造性。大众文化、消费文化的确在一定程度上消解了艺术的价值理性和超越性，但正如本雅明坚持认为的那样，艺术通过机械复制成为商品的同时也实现了艺术民主化。通过电视媒介生动、具体、通俗易懂的呈现，使得以往属于精英文化范畴的高雅艺术走入普通百姓之中，实现了知识和艺术的普及和更广泛的传播，满足了人民群众多样化的精神需求，为提升人民群众的文化知识和素养、审美趣味起到了重要作用。从消费内容变迁维度来看，在经济和现代科学技术飞速发展背景下，人们的消费生活已经逐渐从对使用物的消费转向对符号的消费、概念的消费和意义的消费，精神文化产品已经成为人们群众重要的消费对象。电视传播的文化内容一方面满足了人民群众的精神文化消费需求，另一方面，通过对受众消费观念和审美理念的引导，引领了消费者在精神文化消费方面的价值标准和价值选择，深刻影响着他们的消费习惯、消费行为，有效形成精神文化的积极动能，对当代社会消费文化的形成和发展产生着重要而积极的影响。

第三节　电视多元文化的动力因子

电视文化是多元文化形态和谐共生的结果，其形成的基础是多元化的社会语境，传媒技术、现代性、全球化和意识形态是推动电视文化多元化发展的重要动力因素。传媒技术为多元电视文化的生成和变迁提供了技术支撑和平台；现代性为文化歧出提供了土壤；全球化语境在生成世界文化观的同时导致了时代文化的分化和解组；意识形态对多元趋向的认同，是文化多元化的重要条件。

一、传媒技术

电视文化的发展离不开传媒技术的支撑。电视的诞生受益于电子技术的发展，当兹沃雷金制造出较为成熟的光电摄像管，电子技术应用于电视的摄像与显像之后，电视得以走出实验室，成为大众生活中广泛普及的重要的信息传播媒介。受早期电视技术的限制，电视传播过程主要表现为单向的信息传播模式，传播主体与受众之间是泾渭分明的"传—受"关系，除掌握媒体的传媒机构（或公司）外，其他主体无法参与到传播环节和内容所作的过程之中，电视文化的打造主要依赖于传媒机构（或公司）所持有的价值标准和价值选择，体现出较为单一化的特征。20 世纪 80 年代末期，随着现代通信技术的发展和经济水平的逐渐提升，电话和移动通讯技术在社会生活中广泛应用，电话和移动通讯设备的消费逐渐普及，通信技术也被应用于电视节目的制作过程中，如《开心辞典》《幸运 52》等节目中将电话连线作为其节目环节或行进的手段，使节目表现的话语内容、风格开始呈现多元化特征，打破了以往单一的媒介话语格局。21 世纪初，随着智能移动通信设备的广泛应用，以及现代传媒技术的飞速发展，推动了电视技术设备轻型化、低廉化、优质化发展，同时也实现了传播技术和平台多样化。过去呈垄断性的电视制作和传播技术面向公共普及化，电视传播过程和模式迎来了革命性变革：传播主体多元化（传媒机构、行政事业单位、民营企业、普通受众等），传播平台多元化（电视、互联网、APP、户外展示屏等），传播内容多元化（媒体机构、行政事业单位、民营企业、普通受众等制作的内容）、互动方式多元化（留言、评论、内容回应等）。技术改造升级为电视文化多元化发展提供了重要的技术条件、物质条件和基础。

二、现代性

对现代性的理解大概可以从三个维度来入手，首先，现代性是一个时间的概念。在时间维度区别于过去和将来，同时也与过去和未来处于历史的关联之中，现代性在对过去的反叛中排斥传统，同时又在历史的关联中怀旧过往、寄望未来，表现出多元包容性和乌托邦主义。其次，现代性是某个时段社会的表征，体现出社会在政治制度、经济制度和价值观念方面的变化，现代社会反叛宗教神性，重视科学理性、人性的回归和人的主体性，追求物质生产和享受，追逐利益和效率的最大化。再次，作为一种思想和观念的现代性。作为思想和观念的现代性发端于 16 世纪欧洲文艺复兴时期思想文化解放运动，现代性在对传统文明和宗教文化的反叛中形成思想和文化的断裂，在对自由、平等和民主的追求中确立了相对主义和自我主体性，并在科学和理性的指引下获得主体的自由和价值，搭建了以人为核心地位的价值体系。现代性不仅是时代的特征和思想、观念的变化，还推动了现代文化的价值分化以及文化与精神的变迁，改变了人们的生活生产方式、交往模式和心理结构，这些变革全面渗透到社会政治、经济、文化和习俗等多个层面。现代性带来的流动、世俗、多元的社会面貌对文化产生着深刻的影响，使社会价值观念和思维方式趋于多元化，加速了文化多元化发展，我国电视文化发展经过了由宣传到传播的现代转型。电视事业初创时期，政治宣传、意识形态宣传成为电视传播的主要功能。20 世纪 90 年代后，随着改革开放带来的思想大解放，深度报道、新闻评论、民生新闻等电视节目得到全面发展，电视文化由政治话语转型为时代话语，由单一的话语体系向多元话语体系转变。电视文化的审美也经历了由单一到多元的现代转型，早期的电视文化审美呈现出鲜明的二元化、程式化特点，强调知识和道德的宣教。改革开放后，电视文化的审美标准、审美模式呈现出多元化发展趋向，关注人性的多维度审视，从刻板程式化的创作模式转向自然流畅的叙述话语，审美视角贴近时代特色，画面语言运用更加符合主题需求，呈现出多元化、精细化特色。在电视事业发展和管理方面，电视事业的产业属性得到彰显，增强了媒体在电视事业发展中的主体作用，受众和市场得到重视和突出，管理模式和机制更加灵活多元，电视文化创作人员及队伍结构得以丰富和扩大，从专门的媒体机构扩展到社会民营机构、普通民众，电视文化市场得到进一步完善和发展，市场竞争活力得以增强。

三、全球化

"全球化"一词是由 T. 莱维于 1985 年提出，用于形容在世界经济领域发生的商品、资本、技术和服务的世界性扩散。[①]"全球化"一词后来应用到经济以外的其他领域，用来指称突破国家边界走向全球化发展的现象，如文化全球化等。全球化发展趋势主要因新技术发展和国际竞争加剧而推动。有学者认为，尽管全球化主要体现在经济领域，但其本质仍然首先是文化问题，即全球范围内不同文化的相互作用和影响。全球化是人类社会变迁的一种表现，是在经济全球化影响下的各民族、各地区文化的碰撞、交流和融合进程。世界各地区、各国之间存在着不同的文化传统、宗教信仰、价值观念和生活习俗，虽然经济全球化和科技进步推动了文化全球化的发展，并为其奠定了基础，但同时，文化全球化的交流和融合仍然是经济全球化的重要保障和基础。随着中国经济的在世界范围内的拓展，中华文化也同样深入而多维度地参与到世界文化体系之中。电视媒体作为我国主流文化传播的重要平台，电视文化的全球化传播在我国文化跨国界、跨民族、跨地域传播中起着重要的作用。2018 年 3 月，国家整合原中央电视台（中国国际电视台）、中央人民广播电台、中国国际广播电台组建广播电视总台，增强了我国广播电视媒体在全球化竞争中的整体实力和竞争力，为我国文化的国际传播能力提供了重要

---

① 王述祖. 经济全球化与文化全球化：历史的思考与求证 [M]. 天津：南开大学出版社，2019:3.

支撑。电视文化全球化传播有利于提升我国文化的国际传播力。电视媒体独特的声画语言、故事化的叙述模式，可以对文化内涵、价值理念进行生动形象的诠释，并通俗易懂地向受众进行传播。通过画面形象、审美意境和故事内容将各种不同文化、国家背景下的受众联结在传媒文化之中，从细微处打动受众、引发共鸣。并通过多元化的话语方式使得不同的思想观念、价值判断等得以交汇融合。

四、意识形态

意识形态是一种理解事物的思维方式，通常指在社会中处于统治地位的阶级所提倡并推行的一组观念集合。文化的发展及变迁不仅受政治、经济、军事等因素的影响，也与意识形态紧密相关，从某种程度上来看，意识形态的取向及导引往往决定着时代文化的格局，是时代文化引导和规范的主体，是推动文化事业建设的重要力量。在我国文化发展进程中，意识形态也同样起着重要的推动和引领作用。20世纪50年代，随着社会主义改造基本完成和社会主义制度初步确立，调动一切积极因素建设社会主义成为国家面临的迫切任务，在文化建设方面，毛泽东提出了"百花齐放、百家争鸣"的"双百"方针。倡导艺术领域里不同形式、风格的艺术可以自由发展，学术领域中的不同学派可以自由争论。这一方针成为建设新中国文化事业的正确方针和根本保证，推动了新中国文化事业的繁荣。"十年动乱"期间，我国文艺领域的指导思想受左倾错误思想干扰，致使"双百"方针执行遭遇挫折，文化事业遭受摧残。1979年以后，我国继续坚持"双百"方针，坚持文艺为人民服务、为社会主义服务的方向，文化事业再现勃勃生机，步入繁荣时期。进入21世纪，党的十八届三中全会提出深化我国文化体制改革，要求建立健全现代公共文化服务体系、营造现代文化市场体系、创建先进文化管理体制机制，推动我国文化大繁荣大发展。十九大报告提出要坚定文化自信，推动社会主义文化繁荣兴盛。推进马克思主义中国化时代化大众化；培育和践行社会主义核心价值观。加强思想道德建设，繁荣发展社会主义文艺，推动文化事业和文化产业发展，提高国家文化软实力。这些要求体现了执政党的文化进取精神和文化发展的使命担当，进一步明确了电视文化的发展方向和发展要求，拓展了电视文化发展的思维和视野。

第五章　电视多元文化建构

融媒时代，受众（用户）需求的多元化，技术平台、传播渠道的多元化，社会生活的多元化，不同民族、国家、地域文化的多元化，从传播对象、传播媒介到用户端（受众）无一不呈现出多元化的特征。因此，多元化是电视文化建构的文化语境和时代语境，也是电视文化建构的主题之一。在不同地域、国家、民族的文化之间，电视文化的建构需要更加开放包容，同时又要坚守内在的价值核心，才能将时代性、多元性与本土性、主流性相结合，使丰富的多元文化形成多元共生、和谐共进的关系，并建构成多元共存的主流的、先进的电视文化，有效地实现电视媒体的传播功能。

第一节　多元文化建构理念与原则

建构电视文化并形成较强的传播力和影响力，需要正确树立建构理念，并把握好一定的建构原则，才能够将多元文化整合为具有较强影响力的电视文化。

一、建构理念：一体多元

费孝通先生从民族和历史的视角提出"多元一体"的观点，"多元"即五十六个民族，"一体"即中华民族。文化建构上的"一体多元"主要是对中华文化"和而不同"理念的体现，2014 年，习近平总书记在出席中国国际友好大会暨中国人民对外友好协会成立 60 周年纪念活动的讲话中指出："中国'和'文化源远流长，蕴涵着天人合一的宇宙观、协合万邦的国际观、和而不同的社会观、人心和善的道德观。""天人合一""和而不同"是我国重要的精神传统和哲学观念，是文化"一体多元"的本质和精髓。"一体多元"体现了中华民族的文化自信，"一体"既是整体、内在的"和"，也是差异化的、多元化的并存和对话，是多种思想和价值观念的对立统一体。"简言之，'一'中有'多'，'多'中有'一'，但'一'是本位、是基础，'多'是派生、衍生的；'一'能生'多'，'多'又归'一'，但它们之间又是相辅相成、缺一不可、互相转换的关系。"①

电视文化是文化体系中生动具体的内容之一，体现着文化的内在本质和特征。伴随着全球化的深度发展，不同国家、不同地域的多元文化碰撞、交流频繁，我国文化环境开始步入开放时期。在这种背景下，电视传播的视野更加开阔，内容更加丰富，话语更加多元、文化更加包容。融媒时代，电视传播从技术、平台、渠道、市场等全面变革，市场空间繁荣，多样性、多元化已经成为电视文化的重要特色之一。李晓枫先生认为："多元化绝不是它（注：电视文化）的发展归宿，只有在多元化基础上形成了文化形态的主体，这一电视文化形态才可以说走向了成熟。换言之，没有整合性（主体化）的多元化，只能是文化碎片，表现出社会整体文化的分裂。只有在多元基础上形成了整合性的主体文化形态，这种文化才能说拥有了区别于其他文化形态的本质特征。……整体性的主体文化形态，才是一个国家电视文化影响力、竞争力的根本标志。"② 这里深刻地阐释了电视文化多元化和一体化的关系。"一体"是电视文化的根本和基础，一体性的电视文化具有主导性的内在价值，是包容个性与多元成熟的电视文化形态，这种电视文化有益于我国社会和民族文化的发展。"多元"是电视文化的枝叶，社会生活、艺术形态、民族文化以及受众、市场需要的多样性决定了电视文化发展的多元化特征，只有"百花齐放，百家争鸣"，才能更好地呈现多样性的生活和文化，满足受众、市场多元化的需求；同时，也只有坚持社会主义核心价值观，才能有效地整合价值多元的不同文化形态，形成电视文化的核心内涵，从而进一步增强电视文化的影响力和传播力，推动电视媒体社会责任和功能的实现。

二、多元文化发展原则

文化多元化是现代传媒进步的重要标志，它是社会多元化文化在电视媒介的具体反映。多元化有利于电视媒体构建开放、包容和更具活力的电视文化，增强电视媒体的传播力和舆论影响力。电视媒体在融合发展过程中建构多元文化，应当注意以下几个基本原则。

（一）坚持真善美的原则

媒介市场上，新型传播媒体对广播电视等传统媒体形成了激烈的竞争，为争夺用户和市场，一些新型媒体不惜违背社会良知和媒体职业道德，传播

---

① 熊坤新．"一体多元"与共建中华民族共有精神家园 [N]. 中国民族报,2017-03-10（005）.

② 李晓枫．一体多元：中国电视文化的理性重构 [J]. 当代电视,2003（7）:10-13.

虚假新闻，宣扬低俗暴力，传播拜金主义价值观。为了猎奇和博眼球，肆意侵犯公民隐私，败坏了社会风气，伤害了社会价值观。电视媒体在多元文化建构中，既要开放包容，又应当秉持为人民服务、为社会主义服务的宗旨，牢记社会担当使命，做人类社会前行的哨兵和社会的观察者，做公平正义的监督者，追求真善美的原则，引导受众求真、向善、求美，树立社会良好风气、传播正向积极的精神风貌，培育和弘扬社会主义核心价值观。警惕成为市场、利润的奴隶，做融媒时代的媒体典范和新型主流媒体，在传播实践中创意创新，积极建构新时期的主流文化和主流话语。对传播的多元文化内容进行严格"把关"，去其糟粕取其精华，帮助受众把注意力汇聚到真善美的文化内容上，引导受众正确选择、合理消费媒体文化产品，推动受众媒介素养和欣赏品位的提高，塑造受众积极健全的人格。

（二）公共服务的原则

融合视域下，电视媒体与报纸、手机客户端、微博、微信、网站等媒体的边界逐渐模糊，整合运营的趋势日渐明朗。不同传播介质、媒体的整合融通实现了技术、渠道、内容的共享，具备了多媒介协作能力的电视媒体也具有了更好的公共服务功能，除新闻传播、提供娱乐，实现媒体教育和监督功能外，电视媒体还具有了较为强大的公共服务能力，逐渐步入到信息服务、政务服务、社会治理领域，越来越多的地方媒体在运营方面正在探索全新的公共服务模式，如2018年8月，济南市打造的新闻宣传融媒体公共服务平台，建设了"中央厨房""爱济南"8.0、云宣系统、新媒体实验室、济南市融媒体中心等5个项目，既多维度地服务于信息收集、利用和精准传播，也可以更好地为社区服务，及时反映百姓诉求，更好地承担起媒体工作者的政治责任和社会责任，发挥媒体在围绕中心、服务大局中不可替代的重要作用。

（三）互动融合原则

在新型传媒技术深度普及的今天，互动融合已经成为时代潮流。在多元文化建构中，电视媒体也应当持有互动融合的意识，从内容、平台、形式上探索融合路径。如在内容方面，电视媒体与一些网络媒体、APP平台有了很好的互动融合，还应当积极探索与自媒体、社交媒体的互动融合机制，积极主动地将电视媒体所传播的内容改换形式，推动其在社交媒体、自媒体平台的传播和流动。在传播平台方面上，目前电视媒体主要实现了与手机平台、网络平台的互动融合，实际上传统媒体之间的互动融合还缺乏意识，另外也较为忽视与户外的楼宇电视、光影场景等公共区域的平台相融合。在多元文化建构中，电视媒体应积极探索互动融合模式和机制，开发适合不同平台、不同渠道，适应不同用户的文化产品，促进社会不同文化阶层的互动交流，使多元文化的共存和融通体现得淋漓尽致。通过多种形式的互动融合形成传播合力，使电视媒体建构的多元文化在文化建构、社会构建中真正产生强大动力。

如在地市级城市，网络新媒体的影响力和渗透力与日俱增。其互动性、参与性、自由表达的内容生产特征，使其成为普通民众公共参与的话语空间。同时，其匿名性、碎片化、去中心化的传播特点，也使其成为各种不满和愤懑发泄的场所。再加之形形色色的"网络打手""网络推手""网络大V"的推波助澜，导致目前网上虚假信息泛滥，网络谣言横飞，语言暴力盛行……各种庸俗、低俗、恶俗的炒作挑战社会公共道德的底线，扰乱了社会秩序，威胁社会安全稳定。因此，在一些地市级电视台在加强自身健康内容生产和监管的同时，也开始利用扎根本乡本土的优势，利用自己在当地多年积累的主流媒体权威性和公信力，以其专业的新闻生产能力积极介入网络新媒体的公共空间中，在当地主动履行公共使命，积极承担社会责任，把社会公信力理念延伸到新媒体中。例如四川省广元台的民生杂志栏目《大话利州》在积极引导新媒体舆论方面就有一定特色。该栏目2013年5月开播以来，利用网络新媒体的民间视角，发挥传统电视媒体的权威、理性、公正特色，围绕"说"字做文章，利用电视媒体专业性的长处，正确反映舆情、引导舆论，成为一档地方特色浓郁的脱口秀栏目。该栏目以广元当地最活跃的地方论坛"大话利州"为网上平台，以其中一些大众关注的民生话题和群众生活中的琐事、反映的具体困难及传闻为选材，通过对网络媒体上的焦点敏感话题的关注，对信息的真伪进行严格核实、对其中混浊的观点进行理性分析、对其中反映的未解决的群众具体困难进行再度呼吁。通过电视手段延展、挖掘、求证，为网民释疑解惑，为民意和政府决策牵线搭桥，充分体现了电视媒体的权威、理性和公正，发挥了主流媒体利用其公信力正确引导舆情的作用。无论是电视观众还是网民，都给节目以很高的评价，节目宣传的网络点击量达10万次，回复帖子上千条。

（四）平衡协调原则

电视文化的多元发展有利于维护文化生态的平衡、和谐，在建设和发展中应当注意平衡协调各文化的关系，并首先要确保主流文化即中国特色的社会主义文化在文化传播中占有重要比例，并保持较高质量水准。不仅要确保相关内容的播出占有充足的节目时间，还要创造性地利用各种艺术手段丰富主流文化的表现形式和话语体系，使之充满民族文化气息和时代力量。只有当主流的优秀的文化在质、量两方面都具备内在强势之时，电视媒介才有稳定的生存环境，电视文化的多元化也才能迎来持续、健康的发展。其次，要注意协调平衡各文化间的和谐健康关系，建设以主流文化为中心的充满活力的亚文化群，推动不同文化间的融合互动：主流文化对亚文化形成导引，亚文化中积极的有养分的文化融入到主流文化中；主流文化吸纳亚文化养分增添活力，亚文化在与主流文化的互动中逐渐主流化转变。在多元文化的良性互动中构建我国文化环境的可持续发展生态。

第二节　电视主流文化建构

融媒时代，发达的传媒技术和多样化的媒体平台，造就了多元文化共存的景观，传统文化与现代文化、主流文化与非主流文化、外来文化与本土文化于其中对立统一，形成了更具包容性、参与性、互动性、复杂性的文化传播体系。融媒发展背景下，在技术、平台、内容等融合过程中，电视文化的多元化更加突出地表现出来，加强和突出主流文化建设并形成以主流文化为主导的多元文化格局，是电视媒体在融合发展过程中应当实现的的重要目标之一。构建当代我国电视主流文化应当坚持"二为"方向和"双百"方针，以中华民族文化为基石，从人民群众和社会主义建设发展的需要出发，弘扬和传承传统文化的核心价值，建设具有先进性、开放性和包容性的电视主流文化。

一、坚持"二为"方向和"双百"方针

"二为"方向即"文艺为人民服务，为社会主义服务"，是中国共产党在新时期提出的繁荣社会主义文化的重要方针，它明确地规定了我国社会主义文艺的性质、服务对象和发展方向。要求文艺为人民服务，就是增强文艺与人民群众血肉联系，要求文艺工作中走到群众中去，从广大人民群众中汲取创作智慧、获取创作源泉，以人民群众为创作中心，服务于人民的利益，满足人民精神文化需求；同时，文艺还要服务于社会主义的各项事业，推动社会主义文化大发展大繁荣，在文化强国中作出自己贡献。"双百"方针即"百花齐放、百家争鸣"，即鼓励多样化风格、流派、题材和创作手法的作品，提倡不同学派、观点互相争鸣、自由讨论。"二为"方向和"双百"方针是我国先进文化发展方向的具体体现。在融媒时期，我国文化空前繁荣，但是由于受市场化、商品化以及消费主义的影响，文艺创作中出现了世俗化、恶俗化、庸俗化、媚俗化等过度娱乐化现象，文艺作品创作中出现了经济效益至上的

逐利心态和错误认知，导致浮躁之风、抄袭之风、无病呻吟之风等盛行。我国电视媒体作为主流文化的传播者，在节目和作品的创作中，要自觉坚守"二为"方向，真诚为人民抒写、为人民抒情、为人民抒怀，与时代发展和社会主义建设同行，书写和记录人民和社会主义的伟大实践，充分发挥电视媒体的传播优势，弘扬主旋律，弘扬我国社会主义现代化建设中的先进文化，彰显中华民族深厚的文化底蕴和多姿多彩的艺术形式，充分发挥创新及创造能力，创作出丰富的艺术形式和内容，力争实现思想、艺术、市场的完美融合。

二、坚持正确舆论导向

舆论是社会生活中重要的精神文化现象，社会舆论体现了一定社会环境中的民众对社会发展或社会现象的共同意见和态度，是一种常见的社会意识现象和无形的社会力量，社会舆论对社会生活、公共管理和政府行政等都产生着重要的影响。媒体是社会舆论汇聚的重要平台，融媒时代，手机、网络平台等新型传播媒体将每个人都变成了可以对外发布信息的"媒体"，多种声音、多种观念态度、多种价值观念交织碰撞，"众声喧哗"时代，越来越多的人们通过多样化的媒体平台表达意见和态度，参与政治、经济和社会生活的多个层面的内容。一方面，这充分体现了人民群众参与社会治理的热情，以及我国民主政治的活力；另一方面，各种各样的"舆论场"对人们的生活、价值判断、社会工作带来一些困扰和干扰，有一些非理性舆论甚至起着激化矛盾、煽动民意、制造恐慌的负作用，引发一些负反应，不利于良性舆论环境的形成。作为传统主流媒体，我国电视媒体的党性决定了它是反映人民群众呼声的舆论工具，代表着最广大人民群众的利益，具有代表着先进文化的根本特征。在多元而复杂的舆论环境下，电视媒体应充分履行舆论引导、文化引领的重任，努力提升电视媒体的舆论影响力，坚持正确舆论导向，积极主动地配合党和政府在各个时期的中心工作，营造积极向上的舆论氛围，为发展社会主义的先进生产力提供精神动力和支持；坚持以正面报道为主的方针，着力表现生活中充满生命力的人和事，反映我国改革开放和人民群众艰苦创业的精神。恪守媒体伦理和职业道德，进一步增强电视媒体的公信力，打造良好的舆论生态。

三、唯物史观与美学观并重

电视诞生于信息传播技术发展的基础之上，它首先是信息传播的工具之一，传播现实生活中真实发生的信息成为电视媒体的首要功能，新闻性、纪实性成为电视传播的突出特点。随着信息技术的突飞猛进，尤其是音视频制作技术的快速发展，电视传播实现了艺术表达和创作的技术可能，艺术性逐渐成为电视传播的又一显著特点。使得电视媒体成为集各类艺术为一体的综合艺术样式，具有文学、美术、电影、音乐等多种艺术综合性的美学气质，成为极富艺术创造活力的媒体形式。21世纪，随着数字技术、互联网技术、移动互联技术的发展，电视制作技术简便化、普及化，电视创作从专业走向大众，成为全民都能进行创作的艺术形式，极大拓展了电视作品的形式、内容和艺术表达方式。作为专业的传播媒体，电视传播应当主动将媒体创作与普通民众的创作区分开来，强调媒体的社会责任意识的同时，将唯物史观与美学观相结合，注重电视作品内涵的丰富和形式美学的追求，既忠实地履行传播媒体为社会纪录、传播信息的责任，为文明和谐社会的建构发挥社会功能；同时也要注重美学价值的提升，在话语表达、形式创造方面体现出形式美、语言美、思想美、人文美，将历史唯物史观与美学观统一起来，为社会传播真善美，在先进文化的指导下，把对人民群众的思想感情和对社会主义本质与规律的认识，融入到节目的世界观、价值观、审美观中，用美的艺术感形式吸引受众、感染受众，创作出思想性和艺术性高度统一的作品，增强和提升电视媒体的传播和舆论影响力。

四、树立精品意识

以精品树权威，打造品牌，提高整个电视节目的质量。在社交媒体、自媒体迅速普及的当下，传播主体迅速扩张，信息传播迅捷化、碎片化、海量化。一些新媒体平台为争取流量，满足用户"刷屏"的习惯和要求，一味求多求快抢发新闻，导致信息质量严重下降，失实新闻、"反转新闻"层出不穷；语病、错别字、张冠李戴的现象数不胜数。受众对此类现象深感厌恶，高质量的文化产品恰恰是融媒时代更应该努力去追求的。坚守专业精神，恪守职业道德，树立精品意识，增强传播媒体的社会责任感对于电视媒体的发展显得犹为重要。"精品"指的是那些内涵深刻、艺术精湛、制作精良的电视作品，这些作品有着较高的影响力和持久的生命力。内涵深刻强调电视作品的精神气质和文化内涵。电视作品是精神文化作品，除形式之外，应当讲究思想内涵、精神品质、文化品味的打造，体现健康进步的人文意识，用高尚的艺术品格、优秀的文化内涵、具有审美意义的思想智慧陶冶观众的情趣和心灵；体现时代的呼唤和要求、鼓舞人们的信心和勇气、传播社会的真善美和正能量。艺术精湛强调的是电视艺术的表现形式，电视是平面的二维艺术，也是视听艺术、时空艺术，电视作品应当体现电视艺术的特点，创造性地发挥电视的艺术创造技术和能力，为观众呈现独特的艺术魅力。制作精良是电视精品打造的重要维度之一，电视通过音视频结合的画面向受众传播信息，高质量的画面质量和效果，既是保证受众准确高效接收信息的需要，也是在时间线上瞬时播放时让受众得以快速抓取有价值的信息，并理解信息内容、获得情感共鸣的需要。制作精良的作品还可以提升观众的收看舒适度和信息获取率，为他们带来愉悦的收视体验。在打造精品的基础上，电视媒体还应进一步树立品牌意识，提高栏目和频道质量，通过品牌栏目打造品牌频道，在品牌意识追求和品牌打造实践中，多出精品和特色节目，形成各电视台的特色和主打产品，在融媒环境中形成强有力的传播力和竞争力。

第三节　电视综艺文化建构

综艺节目是电视媒体的重要节目类型，深受电视受众喜爱。综艺节目通过观众喜闻乐见的传播手段和形式，为受众传播信息，同时寓教于乐。从80年代以来，每个时期多种类型的电视综艺节目无一例外都具有较强的传播力，尤其是每年播出的"春节联欢晚会"，已经成为重要的综艺文化现象，甚至成为了中华民族的过年习俗，对人们的生活、社会文化乃至文明发展产生着深刻的影响，成为独特的文化现象。融媒时代，电视媒体的综艺节目在激烈的市场竞争中积极转型探索，涌现了一大批新形式、新内容、新传播方式的综艺节目，如选秀节目、真人秀节目、竞赛类综艺节目等，尤其是在电视媒体与多个创作主体、创作平台融合发展之下，电视综艺节目数量更是大幅攀升，这些节目相比传统综艺节目形式更新、结构更活、话语更贴近当下，受到当代年轻人的喜爱和追捧，也成为了电视媒体逐鹿媒体市场的强大实力。当前，对于电视综艺文化的建构，主要从以下几个方面着力：

一、突出文化内涵　彰显文化价值

电视综艺节目形式轻松活泼，在现代生活节奏不断加快、大众生活压力不断增加的时代背景下，能够给予人们精神的放松与享受。电视综艺节目的宗旨当以"寓教"为核心，即强调媒体的社会责任意识，努力实现媒体的教育功能，将知识和文化注入到轻松的娱乐话语之中，使电视机前的受众或移动终端的用户在放松心情、排解压力的同时，体会到文化之美、文明之美。综艺节目在创作中要强调节目的文化内涵，彰显文化价值，通过娱乐化的话语表达实现意义和价值的传播，为构建和谐美好的社会、推动人类文明发展为目标，传播内涵丰富、积极向上的文化内容。实际上，"寓教于乐"是我国电视媒体长期坚持的娱乐文化建构理念，在娱乐文化打造的同时，既实现电视媒体的经济效益，也充分实现电视媒体社会价值。如黑龙江卫视播出的"见字如面"节目，将中国人在书信中展露的情怀通过明星的朗读来呈现，将受众带入到一字一句的品读之中，感受亲切可感的人物形象、真情隽永的中国故事和悠远深沉的历史回味，以一种以小见大、以平淡见真情的叙述方式传播中国的人文故事和文化魅力。此类节目还有湖北卫视播出的《非正式会谈》节目，节目中11位来自不同国家的青年和主持人一起就当代年轻人普遍关心的热点话题展开讨论，幽默风趣、智慧睿智的话语为观众带来了多元化的启迪和思考，也展示了世界文化和观念的多样性，既是文化热点的讨论，也是多元文化的传播实践。此外，还有中央电视台播出的《朗读者》节目，通过各领域有影响力的嘉宾分享自己的人生故事，并倾情演绎经挑选出来的经典美文，精美的文字和声情并貌的诵读使整个节目充满了人情之美、人性之美、人文之美。这些综艺节目的创作引领了综艺文化的发展方向，强调并倡导了综艺节目创制的文化之维。

二、弘扬传统文化　建构文化记忆

传统文化是中华民族世代创造的宝贵财富，是中华文明五千年历史积淀的智慧硕果，是政治经济、文化艺术、道德伦理、思想观念、精神追求等各类物质和非物质文化的总和等文化的总和。传统文化是我国文化的根本和基础。党的十八大以来，党中央高度重视中华优秀传统文化的传承和发展，从国家战略的高度将优秀传统文化作为实现"两个一百年"奋斗目标和中华民族伟大复兴中国梦的根本性力量。十九大报告中明确指出"深入挖掘中华优秀传统文化蕴含的思想观念、人文精神、道德规范，结合时代要求继承创新，让中华文化展现出永久魅力和时代风采。"围绕优秀传统文化传播，电视媒体积极在内容和形式上创新，应用当代的技术搭建平台，创新节目创意及话语风格，打造了许多优秀的电视综艺节目，并获得社会的广泛好评。其中，中央电视台原创类综艺《中国汉字听写大会》《中国诗词大会》《中国成语大会》《中国谜语大会》等尤为瞩目。中央电视台打造的这一系列节目属于大型演播室文化益智节目，通过汉字听写、诗词知识比拼、成语猜词、谜语竞猜等形式，充分挖掘中国优秀文化的历史、自然、人文和社会的文化元素，在展示中华文化的博大精深、审美意境的同时，也带动全民重温那些曾经学过的汉字、成语、古诗词，分享文化比拼的快乐，感受文化旨趣，从古人智慧和情怀中汲取营养，涵养心灵。正如《中国诗词大会》所追求的宗旨"赏中华诗词、寻文化基因、品生活之美"那样，这些节目立意新颖，格调高雅，积极向上，被誉为"综艺清流"，成为现象级的电视综艺节目。这些节目的创办不仅对传统文化的传播起到了极大的推动作用，建构了民众的传统文化记忆，更体现了我国民众对优秀传统文化的热爱和渴望，彰显了文化自信。

三、传播核心价值 培育文化认同

"核心价值"是指在多元价值体系中于核心地位并起着主导作用的价值或价值体系。我国倡导社会主义核心价值观，即在国家层面倡导富强、民主、文明、和谐的价值目标，在社会层面倡导自由、平等、公正、法治的价值取向，在公民个人层面强调爱国、敬业、诚信、友善的价值准则。培育和践行社会主义核心价值观，对于实现中华民族伟大复兴中国梦具有重要的现实意义和深远的历史意义。我国幅员辽阔，是一个多民族多文化交汇融合、共同发展的国家，文化认同是建构国家认同和民族认同最深层的基础，是各民族人民在文化交流与互动中加深理解，增强民族情感的重要方式，也是综合国力竞争中最重要的"软实力"。文化认同既是语境共享的过程，也是意义磋商的过程。媒体在传播中应努力开拓民族文化寻根和文化交融的有机互动，在文化传承和创新中丰富和发展中华优秀文化，积极弘扬和传播社会主义核心价值观，创新传播手段、方式和平台，在生动形象、具体可感的话语表达中体现价值目标、价值取向和价值准则的真正内涵。近年来，在电视媒体的融合转型发展中，电视综艺文化的传播核心价值观、培育文化认同方面也有着较好的探索及成果。2018年国庆期间，中央电视台举办首届相声小品大赛，该赛精彩纷呈的参赛作品不仅紧跟时代脉搏，扎根社会各阶层丰富多彩的工作和生活，聚焦社会热点，反映百姓故事，传递人间真情。通过鲜活的艺术形式，来自新疆、深圳、广西等天南地北的故事和生活在舞台上精彩呈现，成为各地区各民族文化交流融合的平台。同时，该节目注重正能量的传递，着力于主流文化和社会主义核心价值观的弘扬和传播，这一主旨在颁奖晚会上体现集中突出地体现了出来，主持人在颁奖时引用姜昆评委的话来倡导艺术的创作："要对观众有敬爱之心，对舞台有敬畏之情，对专业对艺术更要有敬业之功。"颁奖最后，节目组特地请上一些已故艺术家的亲人和学生，在他们的回忆和讲述中向老艺术家们致敬，号召传承并弘扬他们发现真善美、传统正能量的艺术品质，勉励新一代文艺工作者传承艺术、发扬精神、打造精品力作，学习老艺术家们为人民书写、为人民抒情、为人民抒怀的艺术精神和情怀。可以说，这既是一场精彩的比赛，也是一次生动的艺术传承教育。在融合时代传播社会主义核心价值观，增进不同年龄层次、不同文化水平的观众的文化认同，增进不同地域、不同民族的文化交流和互动方面，以娱乐为核心的综艺节目有着天然的优势，综艺节目应在创作中主动担当和作为，为建构先进的、优秀的文化多出精品力作。

四、传播本土文化 强调文化自信

文化自信体现出一个民族、国家或政党对自身所拥有文化及其价值内涵的充分肯定和认同，对文化的生命力持有的坚定信心。中华民族的文化自信就是对中华民族优秀文化、思想价值体系的认同感、尊崇感和历史自豪感。近年来，我国综合国力和世界影响力的提升激发了社会各界对我国传统文化的热情，越来越多的民众、团体和基层组织参与到传统文化挖掘、保护和传承中，形成了文化自信良好的氛围和基础。2017年，中共中央办公厅、国务院办公厅印发《关于实施中华优秀传统文化传承发展工程的意见》，进一步规范中华优秀传统文化传承，激发我国优秀传统文化的生机与活力，全面提升人民群众文化素养，增强国家文化软实力，同时引导人民群众的文化自信和文化实践更加理性有序。电视综艺节目作为重要的文化传播方式，其传播影响力与可涵盖的内容是其他方式无法企及的。融媒时代，电视综艺制作团队应当主动担负起社会责任，建构电视综艺优秀文化，以文化丰富综艺、以综艺引领文化发展，让原本已经形成产业链的电视综艺文化持续健康发展，为民众传播更多优秀的文化内容。立足传统文化和本土文化，坚持优秀的文化品格，做好文化定位和艺术形式的突破，结合新型传播技术和技巧，积极搭建新型高效的传播平台，打造优秀的文化作品，引领先进的文化方向。2017年12月3日开始于每周日在中央电视台综艺频道首播的《国家宝藏》在这方面应该是成功的案例，该节目每集节目聚焦一家博物馆，并详细介绍并推荐该馆的3件镇馆之宝。为增强节目的可看性和与当代观众的亲和力，节目选择27位明星分别担任"国宝守护人"和讲解员，通过明星阵容、精致华丽的视觉效果，节目将物质的文物与其丰富的历史故事相结合，与当代人物相关联，将器物与精神、传统与现代、历史与当下、古老与时尚紧密结合交叉，形成了内容丰富、叙述紧凑、节奏鲜明的艺术效果。真正实现了节目的创作目的：让文物活起来、解析文物中的文化基因密码、让当代年轻与历史文物及其文化"握手"，彰显中华文明的广袤与深邃。同时，该节目还实现了融合创新，在形式上，将文化的内核与综艺的形式、纪录片的气质、情景剧的创作相融合，创新了一种全新的电视综艺话语方式；在叙述上，将现实与虚拟、纪实与文艺创作相结合，形成多种艺术的融合体；参与主体方面，既有与文物、文化相关的建筑大师、非遗传承人、志愿讲解员，又有与文物本不相关的明星演员，形成了多样化的趣味点。该节目通过轻松娱乐的氛围将承载着厚重历史文化的文物有效进行了推介，节目的精心创意策划成功地使历史文化得以续接当下，增强了民众对我国文化的自信。

在推进电视文化多元化的过程中，我们不能仅仅满足于其量的繁荣和丰富，更要追求其质的优秀和进步。这需要各媒体始终有批判精神和全局意识，正视和解决以上问题。只有这样，电视文化多元化才能真正有利于和谐社会的构建。

五、文化反渗透 整合外来文化

面对大举涌来的异国文化，多数国家的第一反应就是奋起抵制，并采取了一系列积极的反渗透措施。中国、加拿大、法国、澳大利亚、柬埔寨等过都通过限额或多边协议，限制国外节目的进入，尤其是美国节目的进入，以避免美国文化成为主导文化，消除美国文化中的不良成分对本国文化的恶劣影响。[①] 这些抵制行动也得到了联合国的支持。联合国教科文组织的《世界文化多样性宣言》中指出："尊重文化多样性，宽容、对话及合作，是国际和平与安全的最佳保障之一。"这在全球化日趋明显的当今世具有特别重要的现实意义，它为世界各国，各民族保护、传承、延续自己的文化提供了具体的行动指南。

学者何星亮曾从广义的文化概念上进行分析，提出一个国家或民族的文化可以分为两部分：民族性文化和世界性文化。民族性文化主要是指传统文化或民间文化，它涵盖了一个民族的价值、信仰、伦理道德、理想、艺术、制度、礼俗等，有一定的创造性和独特性；所谓世界性文化，主要是指科学技术及其所制造的物质文化或物质文明，通常通过科技发明来体现。比较而言，民族性较强的文化具有相对性、保守性、排它性和渐变性等特征；世界性较强的文化具有可比性、流动性和速变性等特征。而世界性的文化则可比性较强，如科学技术的日新月异、不断发展和变化。因此，各民族的传统文化，如风俗习惯、宗教信仰、伦理道德、婚姻家庭、文学艺术、语言文字等，都有其独创性和价值。每个民族或国家的文化价值，应该由该民族的价值体系来评判，而不应把西方的价值标准强加于人。各种文化之间应该共生共存，并行发展。保护文化多样性，主要是保护和传承民族性较强的文化。"[②]

在全球化的压力下，本土化也开始作为中国电视话语的一种对抗策略凸现出来，提倡电视节目内容、文化构成、审美品格和表述方式的本土化是一些电视台尤其是地方电视台的主要诉求策略。以北京电视台的节目为例，无

① 刘学锋. 对全球化视野下电视文化本土化的思考 [J]. 中国电视 ,2009（1）:43-46.

② 何星亮. 文化多样性与全球化 [J]. 湖北民族学院学报（哲学社会科学版）,2004（3）:1-4+21.

论是"特别关注""晚间新闻报道"这类动态新闻节目，还是"第七日""法制进行时"之类的评点性新闻节目，其报道内容主要是发生在北京人日常生活中的琐事，报道风格具有明显的北京人闲谈的特点，语言也以北京口语为主，具有强烈地方色彩。这种本土化叙事策略固然凸现了地域文化的一定特点，但是也带来了明显的问题：即将一种文化现象固化和奇观化。另一个值得注意的现象是，这种强调本土化修辞的叙事常常将本土化缩略为地域性的文化、社会和生活问题，而淡化政治的合理性与合法性问题。这一点也体现在中央台新闻频道的"地方社会新闻""共同关注"等栏目中，他们突出的是社会问题和民众生活问题。

电视文化对外来文化的整合主要是通过文化本土化来实现。"文化本土化"主要是指国内电视传媒对外来文化的本土化整合。在这一向度上，文化本土化往往意味着两难选择：既希望通过对外来文化的本土化刺激本土文化的发展，又希望相对保护本土文化的权益。一个民族，要想长存于世，固然有赖于其适应潮流的能力和与其他民族共存共荣的心胸和气魄，但是更要坚持自己文化的根本，固守自己民族精神的源头，保住自己社会的特色。文化的功能之一便是在人与外部世界之间树立一面选择性很强的网筛。

"和"的原则是中国传统文化处理人与人关系的中心，忍让、中庸等行为准则都是实现"和"的手段。在电视节目中，"和"表现为：对具有和谐、圆满特征的内容有着特别的喜好，这一点带来了中、西方不同的文化价值观。中国传统文化的核心是探讨人的问题，中国人本主义关怀的是处于社会中的人，包括对个人的关怀，但它是从社会的角度出发的，个人的尊严、行为和它所获得的社会赞许相关。所以，在解读过程中，受众关心的是人的命运。受众不仅关注电视节目中人物自身的命运抗争，也关注社会对个人生活的影响力。伦理本位，使中国成为一个泛道德主义的社会，任何行动或言论都很明显地受到道德价值的牵制。反映在文本解读中，受众习惯于从伦理道德的角度去思考问题。在对事件和人物进行评价时，更多地采用道德标准，区分好事和坏事、好人与坏人。2000 年以来，"真人秀"在全球范围内广泛兴起和蔓延，节目的核心内容——价值观念，却缺乏认同性。所以，在节目的引进和借鉴的过程中，必须对其进行文化上的转换，以中华民族的优秀文化思想来代替节目中不适应我们文化习惯的地方。西方强调个人英雄主义，我国注重集体主义。因此，西方的真人秀节目展现的是生存能力的挑战以及人际关系的残酷斗争。而我国文化讲究和谐，比较重视团队精神。因此，在模仿和移植西方真人秀节目中进行了"本土化"的改造，如《走入香格里拉》节目中不是"选劣"，而是"选优"。西方的"真人秀"将人性丑陋的一面在节目中最大限度地曝光，而我国真人秀节目则将"展现"发展为"体验"，使观众由"窥私"角色成为参赛者如何通过努力取得成功的见证人。

中国电视文化本土化的意义和价值在于对民族文化的深刻领会和把握。作为具有五千年灿烂文化的文明古国，中华民族文化有着特定的"质"的价值取向，代表着我们对自身精神家园的守护和对民族信念的坚守。"如我们在特定节日、婚庆等场合对民族服饰、礼仪的坚持，就使得服饰、礼仪作为民族文化的符号而得以传承；而散居世界各地的华人，即便是身居纽约、巴黎、东京等现代化大都市，也依然会对'春节'情有独钟，这就是对民族文化特性的诉求表现。"正是在文化全球化的背景下，在"他者"文化的映衬下，民族文化的亲和性、聚合力才使我们坚定了坚守民族文化的必要性、可能性和现实性。[①]

第四节　融媒体文化的互动融合与电视的文化担当

媒介文化研究不是孤立的个体，始终要在整个文化生态系统中进行。北美的媒介环境学派，就是将媒介作为环境，强调的是在这个媒介生态系统中各发展变量的相互制约与平衡。这一特点在新世纪尤为突出，新媒体的出现及迅猛发展打破了原有媒体生态格局，改变了传统媒体在整个生态系统中的生态位，也迫使媒介生态链条的各个节点进行重新定位。那么，电视在这一媒介生态系统中就不能不考虑重新定位自身的文化属性及文化身份，这种变化既包含新媒体文化对电视的裹挟，也带有电视主动进入全媒体文化生态系统的愿望。因此，探讨全媒体文化的互动与融合对于清晰认知电视文化身份具有重要的意义，也为电视未来的文化走向明确了发展方向。

一、新媒体文化的反拨

新世纪以来，我国新媒体发展速度越来越快，首先是商业门户网站挑起网络媒体发展的大旗，继而网络视听媒体、移动社交媒体极大地冲击着电视这一传统视听媒体的优势和地位，近几年出现的电视盒子真正促成了电视网络化的局面。传播技术的进步及传播新平台的崛起，其所孕育的文化特性也表现为与传统媒体极大的相异性，对于传统的电视文化观念是一次彻底的涤荡。

（一）替代性文化共同体的身份表达

新媒体文化的最典型特点是构建起了新型的文化共同体，以云技术为基

---

① 欧阳宏生.电视文化学 [M].成都：四川大学出版社，2006:319.

础的虚拟空间打破了原有文化共同体的空间和时间界限，也改变了文化传播主体的位置和传播方式，体现出对传统的文化共同体的替代性。

1. 文化共同体

文化共同体的概念核心体现在"共同"二字，主要指"拥有共同事物的特质和相同身份与特点的感觉的群体关系，是建立在自然基础上的、历史和思想积淀的联合体，是有关人员共同的本能和习惯，或思想的共同记忆，是人们对某种共同关系的心理反应，表现为直接自愿的、和睦共处的、更具有意义的一种平等互助关系"。[①]文化共同体是自然而然形成的，只要生活在同一地域，个体之间的生活习惯、语言方式和心理特征就会形成一定程度的趋同，进而形成共同或近似的爱好、追求和情感基础，文化共同体便产生了。

其实共同体并没有深入到每个组织成员去研究其特征及组织成员之间的关系，而是站在制高点上将这些具有共同经历和心理基础的个体组织起来，观照其在生产、生活和交往过程中所形成的共同文明。在文化共同体中文化的流动极为频繁，个体之间所产生的相互影响也非常显著，文化传统、生活习俗和思维心理等形成共享，使处于共同体成员在核心文化价值理念引导下，保持共同的文化记忆和文化想象，参与共同的公共事务，形成共同的文化生活。

民族和国家曾经是最为集中的文化共同体形式，但是随着全球化进程的加剧，资本的全球流动带来了经济文化的跨地域交往，国家民族形成的共同体功能被削弱了，出现了诸如东亚文化共同体、拉美文化共同体这样的新型共同体形式。（当然文化共同体并不是一个实体结构，而是以相近性为标准的一种文化意义范畴上的归纳。）除此之外媒介也逐渐带有这种文化凝聚力。"视听媒体为人们提供了主要的思考内容，因为它建立了人与社会公共事务的联系。"[②]电视传播了可供人们共享的文化，通过电视节目内容中隐含的文化价值观念将人们联系在一起，使其对所属文化形成亲近、认同和归属。电视不受空间和时间因素制约，其形成的共同文化价值观念是通过具体的"象征物"加以传播。[③]例如春节联欢晚会通过富有中国传统韵味的文化载体——绚丽的舞美灯光、火红的灯笼爆竹、主持人民族服饰及歌颂太平盛世的歌舞小品等文化象征物建构了全国人民对于国家、民族的文化共同记忆；地方媒体的电

---

① ［德］菲迪南·腾尼斯.共同体与社会[M].林容远，译.北京：商务印书馆，1999:2-3.

② Manuel Castells. The Information Age：Economy, Society and Culture, vol.2: The Power of Identity（second edition）[M]. Oxford: Blackwell，2004：372.

③ 本尼迪克特·安德森语，他认为象征物例如仪式、旗帜、服装等是建构文化想象的基础。因为即使是一个很小的族群，成员之间也不可能都互相认识和熟悉，但是成员之间却形成了彼此密切的联系，就是依靠这些象征物，而这些象征物又往往通过大众传媒传递出来。

视节目尤其是文化类节目基于地域特色也形成了共同的地方文化想象。湖南卫视的快乐文化就形成了以青年人为主体的文化共同体，其节目从内容到形式，再到包装都具有统一的文化象征意味，而凝聚在这个共同体中的成员有统一的收视习惯、相近的审美追求和文化定位，容易形成亲近和认同。

电视构建的这些象征物都与共同体成员有着天然密切的联系，因此能够唤起人们的认知与认同，但是由于电视传播方式的单向度和不对等性，其本身的文化领导权意识容易产生凌驾于共同体成员之上的权威文化价值观念，并以此为核心向组织成员渗透，甚至改变了人们的生活理念和文化心态。虽然文化隔阂消失了，但是文化霸权成为电视文化共同体的一个不得不面对的问题。新媒体恰好能够规避电视带来的这个问题，在构建共同体之时，协商模式有助于加强交流的平等性，对电视文化形成一种反拨。

2. 替代性文化共同体的身份认同

新媒体的出现带来了从传播技术到传播观念由下至上的全方位变革，尤其是前所未有的互动性直捣传统媒体对于规则、秩序、组织、权力的遵守，推动了弹性的选择与交流。新媒体为用户提供了崭新的呈现世界的方式，在电子虚拟环境中通过多媒体互动再现经验，打开人们对于崭新的文本形式、娱乐类型、社交方式等多元的文化体验。在新的时空语境中使人与社会的关系发生位移，对自我身份认同也会产生变化，同时也受到来自人与机器、人与技术、真实与虚构的挑战。另外新媒体的出现也带来了全新的组织形态与生产方式，在经济、文化等领域冲击着原有的控制与制约，呈现出前所未有的社会观念与生活方式。

新媒体所创造的这种共同体颠覆了传统文化共同体的模式及内部成员的关系，极大地赋予每一位组织成员以选择与表达的权力。新媒体的发展恰逢世界经济文化发展的全球化背景，全球化悖论，一方面全球化加速了文化的流动，从而导致人类社会趋同特征加剧；另一方面某些小群体或团体势力增强，从全球同一性发展的浪潮中分化出来，表现出更为突出的个性化。"他者"逻辑能够更好的解释网络对于全球化的作用，网络公民在被异质文化冲击、涵化和同化的过程中，也以"他者"作为参照反观自身，反而会更为强烈地意识到自身的文化独立性价值，因此全球化在新媒体时代应该是一个动态性的辩证发展过程。当社会与文化安置空间限制得以解除，新型网络社区的开放性和包容性便显露出来，直接冲击了人类文化认同的建立与发展。在文化交流相对封闭时期，人的文化认同大致经由主流媒体建构起来的文化形象作为参照，这种认同势必带有主流媒介文化的痕迹。开放的时空局面使个人、媒体以及文化的力量更强大，网络社区所形成的文化共同体更容易形成一致的文化定位与价值观念，产生对原有文化共同体的取代。

替代性文化共同体中的身份认同是在原有文化身份认知基础之上，对个体及集体身份在政治、经济、文化、生活诸多领域产生新的意义阐释，所谓"替代"，并不意味着对原有文化共同体的彻底颠覆，也不可能彻底颠覆，而是用以表现出一种区别，新媒体文化带来的交往方式和传播方式的变化使人们在进行文化意义生产过程中不再以传统媒体建构的文化价值"马首是瞻"，而是在互动与协商中自觉地接受文化价值观念，引发心理共鸣，寻求个人价值的认同，从而对自我文化身份做出更为清晰的定位。

以国家和民族为基础的集体文化能够带给人们心理上的归属感，在这个共同体中人们形成的文化认同是带有权威感和神圣使命性质的，但是以网络为代表的新媒体所构建的文化共同体更趋于平民化，实现的是普通公民最基本的文化权利，多元文化杂糅共生，无所谓取代和覆盖。网络中的多元文化并没有形成不同文化族群的分隔，反而体现为公共文化领域中的接纳和包容。例如网络字幕组是搭起不同文化群体沟通桥梁的新兴文化群体，外来视频内容由于语言障碍造成文化的分隔，是传统文化共同体中很难解决的问题，必然会造成文化之间流动受阻。字幕组的出现克服了这一障碍，语言不再是文化分隔的天然屏障，并且字幕组在对国外视频进行翻译的过程中也会融入本地域或本群体文化的特色，对外来文化的接受建立在本土文化根基之上，体现出文化交往的开放与多元。字幕组文化充分说明，替代性文化共同体不会因为前所未有的文化开放而丧失本群体文化身份的认知，恰恰相反，自发的文化寻根和文化保护意识会空前加强，只会更加促进多元文化中对自我文化属性的体认。

（二）新媒体文化认同的协商图景

人类技术发展的历史证明，技术的每一次进步改变的都不仅仅是人和自然的关系，人与人之间的关系也会随之改变。在技术的变革中，社会权力也会发生增长，可能成为社会平衡的威胁，也会成为创造社会新秩序的动力。新媒体技术的不断发展就呈现这种规律。由改变传播方式开始，新媒体技术冲击着人们旧有的传播观念，其确立的公共话语空间实际上为受众提供了一种与主流文化对话的契机和平台，使原本处于被动、从属地位的公众拥有了更为自由、公开的表达权力。一旦公众被赋予这种权力，便可以就社会事件、现象、问题等诸多社会事务发表具有个性化、自主性的观点和意见，削弱了原本由上到下的单向度的信息传播与意见所形成的强势效果，使官方、主流与公众之间的意见处于相对平衡的位置，形成新媒体格局下的协商图景，进而影响到文化认同模式的变迁。

1. 新媒体"接触区"导致协商模式的确立

李普曼曾说过，"环境对于个体来说，太大太复杂，不可能凭一己之力来驾驭，人们一般了解的是经过重构的环境，而人们也是对重构的环境的刺激产生反应。"① 新媒体一方面改变着社会的媒体环境，打破了既定的、平衡的媒介生态，造成文化秩序的解构与社会权力的重新分配，另一方面也对受众产生刺激，使其主动或被动地做出反应，调整在媒介环境中的观念和位置，以促进新的媒介生态环境和媒介文化的生成。新媒体"接触区"便是构建这一新型媒介文化空间的基础。

"接触区"（contact zone）的概念源于新殖民主义理论，属文化研究范畴。后殖民主义理论学者指出，文化交往中的自我与他者的关系不是简单的二元对立模式，越来越体现出相互交织、相互认同的协商图式，因此"接触区"这个非地理意义的空间概念，主要指的是在文化场域中自我与"他者"相遇的空间，伴随着各国、各民族的文化交流而形成的对话地带。② 这一地带具有跨文化性，是多元文化"相遇"、共同营造的公共空间，随着全球化文化交流的增多而自然形成。

首先，"接触区"的确立可以实现在这场域内异质文化的双向交流，西方文化可以显尽所长，对本民族进行文化输入，而本土文化也在吸收西方文化的基础上进行着逆袭。如果说过去我们在文化交流方面所达到的效果十分有限，主要由于文化"接触区"的构建存在困难，社会体制、语言差异、空间距离等障碍造成交流的不畅、对话的失语，那么如今新媒体文化"接触区"的开拓让原本滞塞的交流屏障轰然倒塌，在这一平台中跨国界、跨民族的文化交流蜂起，改变了原有西方媒体的话语霸权与文化信息垄断。这种自我与他者的交流互动在新媒体时代变得更加频繁，也更趋于协商化。不仅跨文化交流在"接触区"中获得新的平台和空间，公众个体也被置于文化的"接触区"中进行身份认同。尤其是移动社交媒体的出现使"接触"更加生活化、更为方便和随意。

其次，"协商"模式的实现要基于双方平等对话之上，缩短主导权利与弱势话语力量之间悬殊的"权利距离"，③ 目前缩短这一距离的最大动力就来自新媒体"接触区"的构建，让自我与"他者"在这一公共空间内自由、平等地对话与交流，以协商代替了对抗，这种非官方的民间诉说有助于文化信息接

① ［美］李普曼．阎克文译．公众舆论［M］．上海：上海人民出版社，2006:11-12.

② Mary L. Pratt. Imperial Eyes: Travel Writing and Transculturation[M].London & New York: Rout Ledge , 1992:6.

③ 最初由霍夫斯泰德提出，用以判断权利在社会和组织中不平等分配的程度。

收者打消文化芥蒂与心理顾虑，形成异质文化的接受和传播。因此，社交媒体的协商模式有助于改变传统的"媒体刻板印象"，[①] 让主流文化了解民情、尊重民意。

再次，"接触区"的反馈作用促使文化身份的认知。对自我的认知需要参照，在"接触区"中自我和他者的对话更为频繁，"他者"的参照作用非但没有变，反而被强化。需要注意的是，他者不再是异质文化特征分明的存在，而是进入新媒体"接触区"中的所有文化个体。在QQ、微博、微信等社会化媒体平台中，个体的独立性被放大，由于大部分个体的虚拟身份，加强了参与对话的主动愿望，同时降低了意见表达的顾虑，每个个体在形成自我的过程中又充当着他者的角色，既在自我身份认知中摸索，也为他人提供参照。因此新媒体"接触区"加剧了文化混杂状况，文化身份的认知趋于多维和复杂。

2. 微传播语境中的亚文化拓展

新媒体环境尤其是微传播语境的文化生成带有非常明显的亚文化特征。由于参与新媒体使用与信息传播和接收的群体以青年人为主，青年的叛逆姿态恰好与微传播的随意化、碎片化、草根性不谋而合，因此构成了媒介文化生态的亚文化趋向。

青年亚文化自上个世纪五、六十年代在英美等国出现，以其叛逆的姿态和怪异的风格区别于占统治地位的主流文化或父辈文化，表现为对主流文化与社会道德评价的显性的抵抗，标志战后英国时代共识的破裂和权威认同的危机。"作为仪式的抵抗"成为当时青年亚文化的符号象征。可以说，青年亚文化作为社会文化生态中处于辅助的、边缘的、次要的文化形态，总是对主流文化做出有意疏离甚或对抗，引起成人世界的关注。以往对于青年亚文化的关注主要从青年群体的外显文化（诸如服饰、行为、兴趣爱好等）方面入手，已无法完整解释与分析当代青年文化的全部涵义，甚至不能把握住当代青年文化发展的趋势转向。换言之，在信息化充分发展的今天，对青年亚文化特征辨识的两个重要范畴——所谓"风格"与"抵抗"，已变得愈发隐蔽。在传统媒介时代，青年被排斥在主流媒体之外，话语权被主流文化牢牢控制，但第四媒介的兴起尤其是自媒体时代的到来使青年亚文化与互联网的关系日趋密切，亚文化生成和存在的环境发生了根本性的变化，越来越体现出新媒介的影响。那么发展到网络时代，这种抵抗已变得愈发隐蔽，数字技术为青年亚文化语境进行了合法消解与重构。

互联网的迅猛发展带给当代青年群体的不仅是技术层面的影响，也作为

---

① ［美］约翰·维维安. 大众传播媒介 [M].7 版. 顾宜凡，译. 北京：北京大学出版社. 2010：448.

一种文化力量对青年发挥作用。一方面，现实社会中的青年文化价值借助互联网平台扩散，网络成为青年文化传播交流的重要载体；另一方面，在网络世界中激发了青年文化发展的转向，并对现实社会主流文化构成反哺，新媒体成为青年文化发展变化的推进剂。

技术的变革引发文化范式的变迁，而网络这一跨时间、跨地域、跨文化的虚拟空间依托于技术的不断更新，产生了开放性、互动性、草根性等特点，给予追求自由、平等的青年群体以认同感和归属感。正是由于互联网为各种新的传播方式、文化交流方式和身份构成提供了可能性，网络文化与青年亚文化在诸多方面不谋而合，决定了网络文化最容易得到追求风格化与反叛性的年轻人的响应、接纳并乐此不疲地参与创造，相比较其他群体，青年群体更容易受到新媒体的影响。网络文化生态系统具有动态性、不断发展变化的特点，网络媒体近三年传播特征发生了新的变化——"微内容、微动作、微介质、微受众"。根据中国互联网络信息中心（CNNIC）2020 年 4 月 28 日发布的第 45 次中国互联网络发展状况统计报告，截至 2020 年 3 月，中国网民规模为 9.04 亿人，较 2018 年底新增网民 7508 万人，其中手机网民规模达 8.97 亿人，互联网普及率达 64.5%，网民数量继续保持稳定增长。从我国网民的年龄构成来看，20—29 岁的网民占 31.2%，比例最高；在学历构成中，学生群体占 25.5%，远远超出其他群体。[①] 交流沟通类应用依然是手机的主流应用，在所有应用中的用户规模和使用率均第一，主要集中在手机即时通信、微博、社交网站、论坛等方面，这说明微传播介质——智能手机的普及为网络"微时代"的到来推波助澜。

目前青年正热衷于"微时代"的网媒接触，以微信、微博为代表的包括 QQ、SNS、微视频等微传播形式在青年群体中流行开来，青年群体的"共享观念"在网络促成的虚拟空间中充分互动并不断传播，构成了突出的文化景观。青年群体在"微传播"环境中呈现的文化情绪越来越在当前青年文化中起到引领作用，以其亚文化性质构成网络时代的文化冲击和震荡。

青年群体的亚文化风格与"意义"密不可分。他们对语言符号使用、对衣着及行为方式的选择都体现着特定的意义。"意义就是赋予我们对我们的自我认同，即对我们是谁以及我们'归属于'谁的一种认知的东西——所以，这就与文化如何在诸群体内标出和保持同一性及在诸群体间标出和保持差异的各种问题密切相关"。[②] 青年亚文化是产生于青年群体对社会规范、主流价

---

① 中国网民超过 9 亿 [EB/OL]. 人民网 .[2020-04-29]http://finance.ifeng.com/c/7w3xgBqN4fl.
② ［英］斯图尔特·霍尔.表征：文化表象与意指实践 [M].徐亮，等译.北京：商务印书馆，2003：3.

值体系的反抗与剥离基础之上的，他们急于制造出归属于自己的文化语言符号，由此形成仅仅由自己支配的文化空间，以标识和保持与主流文化制度的距离。在微传播时代，青年群体恰好借助微博、微视频等技术手段构建起了具有区分性及价值意义的话语符号系统，鲜明地体现着青年亚文化的当代意义。

微传播的自媒体性、即时性、互动性、虚拟性消解了主流文化对青年亚文化的支配地位，青年亚文化对主流文化外显的仪式性抵抗变为了内在含蓄的话语反抗，同时又与自我倾诉、自我表演相结合。微博的自媒体性充分保障了青年人参与社会事件、表达政治意见的权力，增进青年亚文化与社会现实生活主流文化的互动和交流。目前对微博使用最为活跃的就是青年群体，他们在"微世界"中寻找着被认可、被尊重、被重视的机会，现实世界被压抑的思想、精神、意见等在网络虚拟世界中找到了空前释放、宣泄的空间和载体，语言被完全解放——恶搞、灌水、无厘头等。青年亚文化兴奋地沉浸在哈贝马斯提出的"理想的言说境地"中，以此向工业文明社会的重压"宣战"，用自由随意的语言表达青春的叛逆与对青年亚文化意义的追寻。

青年群体除了借助微媒介进行自我抒写之外，还积极利用其自媒体的便利方式参与公共事务的讨论、评说，表达草根意见，促使代表真实民意的网络舆论的形成，最终推动网络民主、监督机制与公民社会的建设。从"我爸是李刚"到引爆慈善焦虑、信任危机的"郭美美事件"，再到"药家鑫事件"等网络公共事件，微博在揭露事实真相、推动事态发展方面都发挥了巨大的作用。随着青年群体媒介素养的提高，他们不再以围观、调侃的态度对待这些浮出水面的社会问题，而是一步步利用微博的政治参与方式便捷、身份虚拟、成本低廉等特点参与到这些公共事件之中，减少了现实政治参与的中间环节，更加理性深入地举证分析，推动事件向纵深发展，接近或直达真相。这种青年亚文化的表达方式是前所未有的，也是最为直接、最见成效的，青年网民就公共议题不断发起讨论，逐渐培养出一种反省性地认同。

3. 社交媒体的文化自我确认

网络社交媒体提供了这样一种潜能，"把分散于世界各地和不同文化场所的各个个体虚拟地聚拢到一起，互联网自身必须被看做是一个'文化语境'——也就是说，是一个以共同信仰和共享实践为基础的联盟形成的新场所。"① 网络虚拟空间的交往环境将人们从他们传统生活方式与主流文化闭锁中解脱出来，实现了从原来相对封闭的小圈子到人际交往的普泛化转向，尤其是青年人不必拘囿于日常交往中的地域、文化、观念、种族等限制，虚拟的

① ［英］安迪·班尼特、基思·哈恩-哈里斯编. 中国青年政治学院青年文化译介小组，译. 亚文化之后——对于当代青年文化的批判研究 [M]. 北京：中国青年出版社，2012：195.

空间与情境可以使青年人摆脱掉成人世界家长制的文化钳制，在一个个虚拟的身份与角色间不断游走，充分地释放自我、张扬个性、表达意见。现实文化语境中被限制的观念与行为在网络空间找到了生存繁殖的土壤，人的文化独立意识被最大限度地发掘出来，文化交往的活力不断被唤醒，从而演绎出另一番文化图景。

与现实文化交流相比，网络文化交流的中介和场域发生了变化，以微信、微博、QQ、人人网为代表的微传播与交往方式，在网络去中心化和反权威精神的基础上，重构出媒介文化的个人性、即时性、互动性。网络微传播首先迎合了现代人标新立异、迎合潮流、勇于创新的心理诉求——一句话、一张图片甚至简单到一个表情符号通过微介质传播可能得到众多网友的围观、回应、讨论，社交媒体用户的文化认同感与日俱增。另外，移动社交媒体在信息交流与文化交往方面具有无可比拟的优势，它契合了人们日益碎片化的、感性的、突发的思维表达方式，为公众的文化参与提供了更多的机会。伴随着智能手机上网技术的成熟，微信、QQ、人人网等社交网络平台使社会个体之间的信息实时交互成为可能，用户从网络中寻找可交流的对象，无论是QQ的虚拟交往还是人人网的实名认证，都可以不同程度地满足现代人渴望被关注、渴望交流与倾诉、渴望被理解与认同的种种需求，这种"身份的确立"正是后现代社会人们所急需的。

例如目前青年群体尤其是学生群体认可度较高的人人网在，因其实行用户身份的真实公开原则，降低了青年选择甄别交往对象的身份所付出的时间成本和精力成本，受到青年人的普遍接受和认可。除了能够将青年现实的社交圈子平移到网络中，人人网还依据"六度分隔"原理在"朋友的朋友"中渐次拓展交往圈，在具有相似生活方式、人生态度、精神追求等方面的同龄人中更容易产生较高的心理认同感和信任度，这样青年的自我表达与展示平台被延伸和拓展了，能够在更广阔的空间领域实现自我释放，求得社会身份的认同与价值认可。

社交媒体中的文化认同一方面体现为对传统媒介文化的传播仪式的解构。传统媒体的传播仪式是一种集体的、象征性的价值仪式，新媒体则是要去仪式化，将人们从原本的社会结构中解脱出来，使其在经历虚拟空间的自由选择和表达等一系列权利之后，获得共同或相似的文化感受，然后重新再聚合于社会结构之中。另一方面，公众的文化认同在新媒体环境中便是通过个体化的过程建构起来的。移动社会媒体释放了技术巨大的潜能与热情，激起了公众更强烈的表达欲望，催生了大量的文化体验行为。他们创造出新的声音、文字、表情、图片等符号系统，以新颖的文化形态和表达方式传播个体化的文化经验与感受，在日常生活和实践中渗入文化认知，改变了文化身份认知模式和仪式化的形式。

同时，在新媒体世界中当代公众用特有的语言符号、特有的行为方式创造着有别于现实社会的亚文化景观，在此公众完成了由传统意义上文化的接受者和被改造者到对主流文化进行"文化反哺"的华丽转身。在数字技术时代社交媒体亚文化认同带给主流文化以积极意义。这种文化认同"事实上是由两个不同的方面构成，一方面是对现有文化的被动接受、主动顺应或积极改造，另一方面则是创造新的文化以构建新的认同"。[①] 这种新的认同便是"文化反哺"，其促进了文化传承的双向互动，富有创造力的青年一代理应在社会急速变迁的背景下担负起文化传承与改造的重任，自下而上地向成人社会传输最新的文化知识和价值观念，将处于边缘的、次要的亚文化逐渐发展为成熟的、有积极意义和创造精神的社会主流文化。成人社会也必须学会跨越与青年的"文化代沟"，在这一"反向社会化"过程中积极参与到青年群体开创的网络亚文化中来，形成文化的同一性，为社会文化的发展提供更加多元、开放的契机。

但是，我们应该看到在"微时代"传播速度加快，传播内容趋于个人化、碎片化、随意化，虽然草根群体找到了前所未有的表达自我、展示自我的渠道，但微介质负载的均是零散的、浅显的信息，140 个字符的限制是微博传播的力量和优势，同时也带有无法克服的问题。这种碎片信息缺乏深度，不能有效沉淀，难以形成新媒体文化完整的意义表征，因此容易造成公众在利用微介质进行文化构建方面的集体无意识。在众声喧哗、"娱乐至死"的"微时代"，人们在微传播中得到关注与认同，增加了参与社会现实的机会，找到了话语权，但网络带来的毕竟是现实社会的拟态环境，若单纯依赖这一虚拟场域来构建与发展媒介文化显然

比较片面，公众不能只满足于虚拟身份的意见表达，更要开拓现实生活中的社交环境，以积极心态投身到现实文化中去，营造健康积极的媒介文化生态。

二、全媒体时代电视的文化担当

全媒体时代媒体之间竞争愈发残酷和激烈，对新世纪电视媒体的发展提出了前所未有的挑战，也是电视文化身份认知和定位所要面临的重要课题。面对大众文化多元、复杂局面的包围和新媒体文化草根性、个性化的反拨，电视要体现自身的独立性与社会价值，其文化担当就显得尤为突出和紧迫。

① 陆玉林. 当代中国青年文化研究 [M]. 北京：人民出版社，2009：263.

（一）沉淀精神价值，体现文化责任

电视文化精神的彰显有赖于其对文化核心价值的判定与坚守。我国电视经过半个多世纪的风雨历程，在进入新世纪之后电视文化形成的社会文化基础与文化语境发生诸多转向，电视话语的呈现及接受方式也随之转变，尤其是话语权力"不再被视为对意义的限制或对社会现实的隐瞒，而是被视为一种具有生产能力的规范化过程：它繁殖意义，并在此过程中，产生文化实践的新领域和新形式。正是通过指导和组织日常生活的意义，话语的规则才构成了电视文化的本质"。[①] 话语与日常生活的联系使电视文化构建起了一个意义更加普遍和广泛的多元权力网络，尤其是这个话语网络又融入了新媒体的参与，这个场域也是一个社会结构空间，其中此消彼长的权力互相作用和较量，形成平衡、持久的关系。在新世纪的十几年中，对传统文化的探索是中国电视沉淀精神价值富有成效之举，对传统文化意境的挖掘、对民族文化精神的传承、对中国特色艺术表现手法的借鉴，都极大地丰富了电视文化的内涵，体现出初具特色的"中国气派"。当然对于传统文化的承袭也要避免陷入全盘接受的误区，要结合现代消费社会的文化语境，同时还要考虑到全球化带来的中西方文化的交汇与碰撞，在传统文化中提炼出适合新世纪电视文化秉持的核心要素，利用现代化的表现方式和话语方式进行有效传达，充分利用电视媒体大众传播的优势，自觉承担起传统文化的现代化转化与传播的责任。

（二）优化资源配置，重塑文化品牌

电视资源的优化配置是提升电视媒体竞争力的重要保障。电视媒体较之广播和报纸等传统媒体，资源投入多、机构设置复杂、人员结构庞大，往往出现资源分配不合理和浪费现象，从而成为电视媒体发展的负担。新媒体出现之后电视媒体的这种劣势愈加明显，新媒体属于"轻骑兵"，能够最大程度地利用社会资源作为自身发展必要的补给，相比之下电视更应该找准自身文化定位，重点打造精品和名牌栏目，提升核心竞争能力。

这种文化品牌的塑造也要考虑到不同级别、地域电视台差异化竞争的发展态势，根据自身的文化归属加以区别对待。相比较网络文化的普泛倾向，对地域文化的挖掘恰恰是体现电视媒体传播优势、塑造电视文化品牌的有效途径。中国地域辽阔，源远流长的地域文化具有深厚的文化底蕴和生命力，电视媒体应该充分利用这一优势资源研发一些彰显地域风采、风土人情、民俗民生的节目，既能保证节目的原创性，又能满足受众的精神文化需求，体

---

① ［美］隆·莱博，葛忠明译. 思考电视 [M]. 北京：中华书局，2005:69.

现出当前电视媒体多元化、个性化、标识化的文化价值取向和要求。

另外文化品牌塑造的意义不仅在于对内的文化渗透，也在于向外的文化输出，随着我国不断发展壮大、国力逐渐增强，其文化的国际影响也会越来越大，带有本土文化特色的电视节目在国际电视市场的吸引力和竞争力不容小觑。《舌尖上的中国》就是相当成功的范例，文化与美食携手、传统与现代融合是其能够拥有海外较高关注度和接受度的关键。因此，当今电视媒体不能将视野局限于对国内受众的争夺，对网络、手机等新兴媒体的对抗，更应当明确地认知自我的文化身份和文化定位，多面向国内和国际市场开发一些文化精品节目，通过多种媒体渠道进行跨文化传播，方是中国电视文化突围之路。

（三）艺术与技术联姻，提升文化创造力

21世纪是一个技术全面迸发的时代，媒体技术的进步既开拓了电视艺术的视野又变革了艺术的表现形态，甚至使传统的美学观念也随之颠覆，技术与艺术联姻成为新世纪媒体文化发展必然顾及的重要转变。

电视媒体本来就对技术的依赖性很强，电视片的拍摄、镜头剪辑以及后期合成、播出等各个环节均离不开技术的参与，因此电视艺术与技术联姻自电视诞生之日便一直存在，但是进入到新世纪，网络技术、数字技术以及智能技术的出现突破了电视传统的艺术表现壁垒，最大程度地实现了原本存在于创作者内心的艺术想象，使艺术的表现方式及表达效果日渐丰富与完善，例如电视纪录片《故宫》中恢宏的开场动画，就是运用故宫实景拍摄与数字技术制作的动画相结合的完美视觉盛宴，通过镜头的拉伸以及由实到虚的场景转换，在展现故宫建筑的雄伟宏大基础上也强烈地突出了历史感和现代感，技术的参与带给艺术的是美学构想的实现与审美效果的变革。

英国美学家克莱夫·贝尔提出艺术的本质就是"有意味的形式"，这里的意味强调的是美的欣赏与情感意味，这种情感的表达与接受是以美的呈现方式的多样化来完成的。在当前审美日常化、生活化的后现代社会，技术力量的到场使电视容易沦为单纯给受众带来感官刺激的机器，技术至上的崇拜也可能将艺术退位于技术的附属品，从而难以进行有效的艺术审美情感的表达。因此贝尔提出的意味是为技术崇拜"为形式而形式"的艺术纠偏，在新世纪电视技术空前发展的时代更应该警惕艺术向技术的投降。电视也需依靠艺术与技术的共同作用来完成文化身份的最终确立。

（四）促进交互竞合，健全文化生态

电视文化生态主要指电视媒介内部的文化定位与外部社会环境之间相互

关联、影响与制约而形成的具体的互动结构。文化生态注重的是构成生态系统的各个要素和变量之间的整体性和协调统一。而且生态系统的构成是不断发展变化的，因此要对新世纪电视文化生态系统的组成与结构进行动态、平衡的把握。

新媒体的出现与迅猛发展重构了电视文化生态的外部媒体环境，各级电视媒体之间的竞争也愈演愈烈，不仅相互抢夺受众资源，也出现了文化胶着与渗透，对电视文化的认知与表达产生极大地冲击和影响。面对电视媒体文化定位模糊、生态位重叠的状况，发挥各自优势、积极配置文化生态资源、加强各类媒体、各级媒体之间的战略合作，可以减少恶性竞争带来的内耗，从而形成合力共同营造健康、绿色、人文的媒介生态景观。

《汉字英雄》就是形成媒体战略合作、台网共制的成功范例。《汉字英雄》总投资额二千万人民币，由河南卫视与爱奇艺网按照1：1比例均等投资，双方进行深度合作，共同策划、制作、推广和营销。内容的制作方面以爱奇艺为主，主要进行整个节目的策划、录制、后期制作和推广，而河南卫视则选派一个制作团队辅助节目录制，并且做好整个团队的服务工作。广告营销则由两方各自开展洽谈和推广，并利用多媒体资源进行全方位的广告投放，例如第二季就获得步步高点读机的跨屏广告投放。《汉字英雄》由于采取电视媒体和网络媒体的共同制播、全方位合作的方式，能够兼顾到两类媒体各自的制作准则和营销体系，这种台网共建模式对以往电视节目的制作形态有极强的颠覆性，实现了传统媒体与新媒体的优势互补，以受众为中心，在彼此合作和交互中赢得各类受众的关注。可以说《汉字英雄》的节目制播模式是以市场为导向、以受众为中心、以共赢为目的的全媒体竞合模式的有益探索，将会成为未来媒介融合发展的一大趋势。全媒体时代电视媒体的文化责任和文化当担任重道远，既要对自身的文化体系和文化血液进行更新，以适应大众文化的新时代转变；又要面对新媒体的挑战发挥自身优势，开发更多的与新媒体深度合作的机会和模式，变阻力为推力，在交互竞合中完成自我文化身份的蜕变，营造良性、平衡、健康发展的文化生态。

第六章　媒体融合视角下的电视文化身份转型

　　世纪之交，中国电视媒体纷纷推出与以往媒体定位及播出内容迥异的栏目或节目，表现出试水电视内容改革的努力。首先，湖南卫视异军突起，先后于 1997 年上马大型娱乐综艺类周播节目《快乐大本营》及 1998 年播出电视剧《还珠格格》（第一部），这两次尝试为湖南卫视在随后掀起的上星频道"诸侯混战"中占得先机，不仅短时间内聚集了大量人气，也为该媒体的文化定位确立了"快乐"主题。中央电视台也很快意识到了内容转型及文化转型的必要性及紧迫性，于 2000 年开播《开心辞典》栏目，在竞智、闯关与大奖等包装形式下凸显平民化色彩，包括后来陆续开播的《幸运 52》《星光大道》等栏目，都是在原本以传递主流文化与精英文化价值观基础上增加大众文化的比重，这可以看作是国家级电视媒体在新世纪做出的重要文化转型。在综艺节目、电视剧领域进行内容转型的同时，地方媒体也在新闻节目寻求突破，在通过关注新闻的领域、解读新闻的视角、传播新闻的话语等方面进行调整，进而完成电视文化身份的重新定位。江苏卫视在这方面做出了富有影响力和实践意义的努力，于 2002 年 1 月 1 日开播民生新闻节目——《南京零距离》，虽然这种关注民生的新闻节目曾经在 1994 年央视开办的《东方时空·生活空间》板块出现过，也受到大众的欢迎，但是始终没有带动其他新闻媒体进行广泛尝试与应用。《南京零距离》的开播抓住了国家执政方针向"以人为本"转向的历史契机，以平民视角、民生百态取代了崇高叙事、官方话语，极大地满足了受众对个体价值关注的诉求，引发了各级电视媒体的"民生新闻热"。

　　新世纪以来中国电视出现以草根文化为表征的文化精神的下移，说明"文化平民主义"已然成为当前社会文化尤其是媒介文化的主要价值取向，并且成为电视节目创作与传播的基本依据。在此基础上探讨中国电视文化身份的转向就必然要以这种草根文化的兴起作为出发点，以当前受众多元、个性化的文化诉求为旨归，以普通人的审美需要与价值需求来重新定位电视的文化身份，但同时也要考虑主流文化、精英文化与大众文化的互动作用，文化的发展规律不是非此即彼，而是共同构成文化生态的平衡与和谐。另外对于过度追求的受众至上所可能导致的娱乐泛化倾向也要时刻保持警惕。

第一节 同一格局的退场与多元化的转向

一、一体化发展的困境

电视文化的新世纪转向在横向上取决于社会整体的政治经济文化基础，纵向上则由长期以来的历史文化传统决定，也就是说既要考虑到因袭的文化位置和文化发展规律在新世纪的影响，也要重视全球化时代文化一体化的发展趋向。在内外合力的作用下，电视文化重新探索自身的文化定位便势在必行。这种文化身份的转向是在我国政治经济一体化背景之下要求冲破对文化发展束缚的必然要求，也是新世纪电视文化发展对上个世纪既定社会文化格局的一次突围；另外全球文化一体化趋势已然形成，虽然东西方文化冲突在所难免，但电视以其开放、宽容的姿态与异质文化拥抱，也表现出"刷新"文化身份的迫切愿望。能够摆脱一体化发展困境的主要途径是承认当前文化的多元化，在多样性的文化类型中找到共同的文化基础，尊重个体的价值和需求便是新世纪文化自新过程中的自觉选择，是对政治经济一体化格局的必要补充，也是在全球文化一体化中确立自我文化身份的可行路径。

（一）经济一体化忽视文化的多元共存

自新中国成立之时，经济建设就被置于社会主义建设的中心，在稳固政治意识形态的基础上发展社会经济，是历史的选择也是社会发展的必然。此时中国电视也在经历从无到有、从初级走向专业的过程，与社会历史进程的同步发展使中国电视不可避免地与社会意识形态的政治化联系在一起。在当时的社会文化环境中，意识形态被无限放大，整个文化系统都呈现出浓郁的政治色彩，多元的文形态被取缔，政治、经济权益优先的社会法则统摄一切文化形态和文化思维，文化成为政治经济发展的附庸。电视文化作为社会文化生态中的新晋成员自然承担起传播意识形态的责任。电视媒体多以党和政府的喉舌、政治传声筒地位自居，自身文化利益的追求被降低到了从属地位。

直到七十年代末期改革开放改变了中国意识形态和思想价值领域唯政治化的僵化格局，"解放思想、实事求是"重新为文化发展确立了目标。社会主义计划经济向市场经济的转向将文化的"经济追求"提上日程，文化必然要在现代市场经济语境下完成经济导向的转变。市场这个原来一直被电视传媒忽视的因素被发现和认可，并逐渐成为主导媒介文化发展的主要因素，这是电视文化不得不面对的转型期的社会现实。至此电视文化刚刚走出政治形态的捆绑，就又奔赴社会经济一体化发展的潜网之中。"事业单位，企业化管理"为电视传媒的市场化发展埋下竞争的伏笔，电视文化已经无法顾及文化的多元呈现，而只关注大众、市场对电视的普遍诉求。因此文化的一体化格局仍然没有打破，只不过从原来的政治一体化发展成为经济利益一体化，或者说是市场一体化。

其实文化的经济追求是消费社会市场化的必然结果，但是不能将其视为文化的唯一追求，正如约翰·费斯克所说，"文化商品可以同时在两种不同的经济中流通，我们可以把它们称为金融经济和文化经济……金融经济把文本描述为文化商品……在文化经济中，交流和流通不是财富，而是意义、快乐和社会身份"。[①] 文化的经济追求是文化经济的一部分，除此之外还应该重视文化的"文化追求"。如果比照西方电视媒体的文化功能，不难发现西方电视媒体主要通过将文化功能分流来解决文化追求，例如美国的电视机构就是由商业网、公共网构成，分别体现电视文化的经济追求与文化追求。而我国的电视体制决定了这两种追求都要赋予同一个媒体来实现，如何调和二者矛盾，平衡二者关系就为当前电视媒体主要考虑的问题。

（二）全球文化一体化消解民族文化的独立性

"文化一体化"是由美国学者亨廷顿提出，他认为一个国家要实现西方社会的物质经济发展的现代化逻辑，除了将自身纳入到经济全球化的格局之中，还要在文化领域全盘西化，从而实现西方文明的普世价值，达到全球文化一体化。亨氏论断虽不无武断、霸权意识，但不可否认的是随着全球经济一体化格局的形成，文化交流互动日渐频繁，西方后现代思想文化意识不断隆起，对我国文化发起强大的文化渗透攻势。电视媒体本身与西方的联系比较紧密，在学习西方电视思维方式及技术手段过程中难免对其电视文化缺乏免疫力，不自觉地照搬西方文化并把它塞到中国电视的框架中去，这就会造成文化一体化格局下的西方对东方文化的"绑架"，从而消解了本民族文化的独立性和个性特质。其实比较乐观的学者已经就亨氏的文化一体化论断加以驳斥，认为民族文化有其历史生长性和传承性，即使跨文化交流密切也是在互为渗透，互为影响，不存在一方取代另一方的结果。但是仍要警惕异质文化通过现代媒体工具的覆盖性传播，在对当前我国电视文化身份认知时也要充分考虑文化一体化可能带来的干扰，一味的西方文化一体化和纯粹的中国文化中心论

---

① ［美］约翰·费斯克. 电视文化 [M].. 祁阿红. 张鲲，译. 北京：商务印书馆，2005:451.

都不能准确解释电视文化的转向问题，打破一体化的思想局限，肯定多元化的文化生态，是梳理当前中国电视文化现象和认知文化身份的必要前提。

二、转向对个体诉求的满足

中国传统文化对于人的个体价值普遍缺乏重视，而总是将国家利益、群体价值作为社会发展、文明进步的要义。中国古典文化与哲学的思考模式总是将超越性的天和人间王权政治作为最后的依据，强调宇宙太和与群体秩序。个体价值被认为缺乏独立的意义，个体必须由家而国、由国而天下，由天下而宇宙。这样的一种思考方式和价值抉择，要把"小我"扩展到"大我"乃至宇宙，虽然带有强烈的宗教拯救色彩和宏观的悲怨，可是却因为忽略了个体的独立价值，所以使个体与群体、天与人之间缺乏必要的张力平衡，由此导致了个体生命与个体尊严受到极端漠视，个体的挺立始终不能成为社会解放的重要一极。近现代国门打开，西方自由民主思想的涌入虽然唤起了一些开明知识分子的"人本"意识，但是半殖民地半封建社会的现实，以及"救亡"的时代问题意识，仍然要求民众暂时抛却个人利益，而投入到为国家民族的新生而无私奉献的洪流之中。鲁迅的针砭时弊、郭沫若的呐喊呼唤、茅盾老舍巴金等人的"为人生而艺术"无不昭示着个人利益对集体利益、国家利益的服从，虽然也出现了以张爱玲为代表的只关注小我，无视大我的文化典型，但终究进入不到主流价值体系，影响甚微。新中国成立之后社会主义建设与发展的整体目标必然要求民众具有舍小我、为大局的精神境界，"人本主义"在"极左"思潮涌动的时代里变得遥远又陌生。这种超越个人中心论的集体主义沿袭了中国传统文化特质，"在'民本'的价值体系里，个人在个体相互依存形成的主体中变成了无足轻重的平面符号，在规定的等级和礼教中循规蹈矩，主体的价值追求超越、掩盖了一切。"[①] 对这种主体价值的超越到了上个世纪八、九十年代才开始出现，大众文化的兴起带动了自下而上的对集体理性的文化逆袭，"人文主义"重新回归到大众视野，尤其借助现代传媒的力量进行了重新定义，成为世纪之交进行自我文化身份认同的重要理据和思想基础。

人文主义一直是社会文化系统建构的基础，也是电视文化身份认同秉持的核心思想。新世纪我国电视文化身份在社会转型、全球化浪潮、媒体环境变迁、技术进步等因素的共同作用下发生转向，对于人文主义的理解和表现也随即变化，新世纪这种"人文主义"的倾向愈加明显。"接地气"是近几年

---

① 李晓枫. 邹定宾. 中国电视文化的理性重构 [M]. 北京：中国广播电视出版社，2007:139-140.

流行起来的热词，就很恰当地说明了文化的平民性与人文性的新特征。有别于上个世纪90年代王晓明等人提出的"人文精神"，新世纪人文主义的内涵更趋于简单和生活化，李欧梵认为"人文"的实质并不复杂，"人文指的是和人有关的东西。'文'的古意是'纹理'，也就是形式和规则，儒家传统也一向以'人'和'文'为依归，人文就是以人为本的文化。"① 英国文化研究学派的代表人物雷蒙·威廉斯也谈到文化就是普通的，它只是一种生活方式。李欧梵和威廉斯共同尝试将文化与生活链接在一起，让文化的意义从知识分子手中解放出来，回归到个人的日常生活领域，人的价值的发现与尊重同样也是在日常生活之中完成的，如果人文主义不能容纳人的世俗追求就会丧失了对人性的尊重，但是世俗追求不是唯一追求，个体膨胀容易导致人对精神追求和集体价值的幻灭，从而使电视文化滑入粗俗、恶俗、低俗的谷底。因此文化诉求的转向也应该警惕走向庸俗和琐屑的极端。

三、多元化发展的表征

（一）电视文化价值观念的拓展

我国电视从未放弃对人文主义的追求和对人文精神的传播，但上个世纪八、九十年代电视人文主要关注的是人的集体价值和终极价值，重在通过电视传媒加强对大众的引导和教育的功能，信息传播让位于宣传教化，从本质上说并不是真正从人的需要、个体价值出发而定位的人文主义，而是一种以主流及精英价值判断代替大众理念的精英人文主义，这种主流的或精英的立场对大众的需求做出了带有阶层偏好的想象，往往利用电视传媒传递一些缺乏个性化、人情化的内容，试图用类型化的简单手法做到对社会问题、人生百态的抽象概括，传播效果自然缺乏亲和力，缺乏大众接受的心理基础。

除了程式化、教条化的宣传引导之外，所谓的精英人士以具有社会良知和文化责任自居，单纯地希望电视文化艺术化、审美化、高雅化，但因为采用大众比较陌生或疏远的方式而导致不甚理想的传播效果。主旋律电视作品本着思想深刻、风格高雅、制作精良的原则频频出现，但往往忽视了受众的接受能力和接受水平，而陷入自说自话、自我欣赏的怪圈中，原本希冀的教育引导功能的实现也大打折扣。显然这种精英人文理念忽视了电视这一传播媒体的大众性和接受心态的平民化，而这恰恰是电视文化精英人文的硬伤，其教化功能只适用于小部分电视群体，并非具有普世价值。

在新世纪探讨电视文化的人文精神，首先应该将新世纪的电视受众进行

---

① 李欧梵. 人文六讲 [M]. 北京：中国人民大学出版社，2012：23.

重新定位，他们不再是勒庞所说的"乌合之众"，而是自我意识觉醒、追求信息传播与文化表达主动权的媒介公民，他们对社会公共事务的关注度和参与度增加，自由、民主地发表意见与主张的愿望更趋强烈。

其次，文化向技术投降虽然是个伪命题，但不可否认的是文化无法避免技术的渗入，以及新媒体技术对公民价值实现的推动作用。电视不是新媒体，但当前媒体环境要求电视必须要转变观念，融合的媒介观要求电视将原本的受众视作用户，电视节目的用户定位要更为精准和细化，针对不同用户定制、推送等服务类型取代了点到面的单向度传播，技术能够将这些理念变成现实，同时也体现出对人的主体价值和个性化需要的尊重与满足。

再次，人文主义以人的日常生活为中心，精英阶层曾视人文主义为知识分子的专利，将人文主义与生活对立起来，忽视了普通人的现实需要，以启蒙者的身份自居。其实人文主义应该属于大众，世俗享乐也是人文主义的一部分，但如果缺乏正确的引导便会消解了人文主义的积极作用。精英人文中对真、善、美和谐统一的追求，对人的价值、意义、权力、义务的追问、对理想社会关系与完美人性的塑造是新人文主义应该继承和发扬的，但是个体的诉求与多元价值的满足也应被充分重视。一方面利用充满情感力量的感性形式传达世俗价值与人性化的生活理想，另一方面也要用理性的思维与批判精神审视可能出现的庸俗、极端的文化倾向。

（二）节目形态百花齐放

电视媒体在新世纪遭遇到前所未有的挑战，一部分来自西方电视文化观念的渗入，一部分来自新媒体的崛起造成电视受众的分流，更有来自电视节目形态的模式化和固化思维。这些挑战时刻提醒电视创作者不断拓展和创新电视节目的形态与模式。电视节目形态是电视节目形式的自然延伸和个性化拓展，亦即由电视节目的形式、内容、气质和神韵构成的电视节目设计模板。一般根据节目的来源、播出平台、受众定位、内容结构等多种指标进行分类，本书主要是以电视节目的内容分类，将电视节目分为新闻节目、娱乐节目、教育节目以及服务节目来探讨。

新世纪以来中国电视在打造节目内容与形态多样化方面做出了富有成效的努力。新闻节目除了挖掘民生新闻报道的深度和广度之外，故事化新闻以其独特的叙事和结构方式、悬念与波澜的营造，开拓出新闻报道的一个全新领域。娱乐节目、综艺节目更是全面开花，各大卫视频道"你方唱罢我登场"，纷纷引进国外收视率较高的节目版权，全方位、立体化地开发出多种广受关注的节目形式。而且综艺节目也打破了原有的固定栏目档期播出的规律，改为季播的方式，在增加节目灵活性的同时，也体现出与国际接轨的趋向。教育类和服务类节目是新世纪逐渐兴起的节目形态，以其准确的定位赢得了许多受众的青睐。伴随着节目形态的多样化发展态势，有些节目的定位可能不够清晰，出现同质化倾向，但不可否认的是如此庞大的节目形态系统极大地丰富着电视荧屏，成为电视文化多元表现的有力依据。

（三）分众化与专业化的确立

电视定位分众化和频道专业化是伴随着不断庞大的电视收视群体、不断提升的个性化诉求而做出的必要改革。电视作为大众传播媒介，一直将大众的收视兴趣和欣赏口味定位于一个普遍的程度，在原本频道单一、节目内容匮乏的时代，很难满足受众的个性化需求。从托夫勒在《未来的冲击》一书中提出"分众"概念开始，由大众向小众、由整体到分众的传播思路便在中国电视中践行开来。不同的个体对节目的喜好和接受程度有很大差异，如果只是按照面向大众的思路进行传播，势必影响节目内容的创新、打击受众收看的积极性。进入到 21 世纪之后，受到大众文化的转型和消费语境的影响，个性化的诉求越来越突出和强烈，电视创作主体也及时调整思路，在节目内容、主持风格、节目包装、播出时间等方面进行大力改革，按照不同年龄、性别、职业、教育程度、地域等因素进行分众化传播。分众的目的是更清晰地进行电视节目收视目标群体的定位，最大化地满足不同受众的欣赏口味和内容喜好，也能够加快节目内容的创新，提升节目的质量和活力。

频道专业化同样是新世纪以来电视多样化改革的有效尝试。频道化是指根据市场规模和受众定位以频道为单位，对节目内容、风格和形式进行统一规划，能够满足不同群体的收视需求。上个世纪 90 年代中期我国开始着手进行频道专业化的改革尝试，1995 年中央电视台开始频道扩充，初步细化受众和市场分类，开拓出文艺频道、体育频道、电影频道和少儿·农业·军事频道。在此基础上央视频道不断扩容，频道内容定位和受众定位愈加细化和鲜明，目前已经形成具有 22 个免费频道和 18 个付费频道的频道专业化发展格局。央视频道化专业性较强，既满足了电视受众对不同节目内容的需求，如文艺频道、体育频道、电影频道、电视剧频道、少儿频道等；又兼顾了外语区域的收视要求，如英语、西班牙语、法语、阿拉伯语等频道；在此基础上又对一些小众群体开播更为专业的频道，如风云足球、风云音乐、国防地理、高尔夫·网球等频道，充分体现出"大众——分众——小众——微众"的专业化频道设置理念。与此同时地方电视媒体的频道化改革也在紧锣密鼓地进行，每个省市级媒体平均开拓出 7 个左右的专业频道，例如吉林电视台除吉林卫视外，还开办有都市频道、生活频道、影视频道、乡村频道、公共频道、法制频道和购物频道等。与央视的频道定位相比地方台的频道专业化程度不高，定位不够清晰和准确，例如生活频道、都市频道和公共频道就存在一定程度的趋同，节目内容难免会出现重复和同质的问题。虽然分众化和频道化的定位尚待完善，但可以看出我国电视从中央到地方都在为打造电视文化的多样化、个性化而努力。分众化和频道化发展的前提是专业，只要在市场细分和观众定位方面能够更为科学和合理，准确捕捉目标受众的收视兴趣点，就不会陷入盲目跟风的"圈地运动"之中。

第二节　崇高感的消解与平民意识的提升

一、崇高感的消解

（一）"崇高"的建构和解构

关于"崇高"的理论探讨肇始于古罗马时期的朗吉弩斯，他从修辞学的角度概括出崇高的语言来源，对崇高进行了语义方面的阐释，并且提出崇高与人的灵魂息息相关，实质上是人类精神的高尚与伟大。近代康德、黑格尔等哲学家则将崇高作为一个独立的美学范畴从哲学、心理学层面加以阐释，主要强调崇高对日常生活的超越性，指向精神世界的神圣信念与终极意义，体现为一种非功利的、普遍的、永恒的特性，是对"虽不能至，心向往之"的境界的不懈追寻。这种认识一直延续到当代，后现代主义学者利奥塔的出现颠覆了传统对于崇高的阐释，也可以看作是对崇高解构的开始。利奥塔重新诠释了崇高美学的内涵，他认为，"现代艺术正是从崇高的美学那里找到了动力，而先锋派的逻辑也正是从那里找到了它的原则"。[①] 这种动力来源于先锋艺术的实验性，来源于传统美学不屑一顾的日常性、碎片化，来源于人们对时间、空间等事物的普遍迷惘与焦虑，所以后现代美学领域中，崇高就体现为排斥主体、排斥历史、排斥深度等方面的特征。现代性危机要求人们要改变审视社会的方式，把当下社会的文化幻像重新定义。在一些后现代主义学者看来，后现代社会就是对秩序、理性的颠覆，是琐屑与碎片的存在，于是原来奉为崇高的都被消解。其实后现代主义并不拒斥崇高，只是在表达方式上改头换面，不愿再用固定的模式展示崇高，不愿把崇高放置在既定的框

---

① ［法］让-弗朗索瓦·利奥塔.谈瀛洲译.后现代性与公正游戏[M].北京：人民出版社，1997：135.

架中进行陈列，而是采用更为平易的、个性的、平民化的方式重新对崇高进行包装，追求的本质并没有变，只是外在形式的差异化表达而已。

（二）躲避"崇高"

20个世纪90年代，文化思想界掀起了一场关于人文精神的论争，文学界首先向崇高宣战。90年代中期"二张"张炜、张承志围绕如何捍卫人文精神发表了大量文章，矛头直指当时日益兴起的大众消费文化环境，认为文化已被逐渐膨胀的商业气息所笼罩，知识分子作为中坚力量的精英文化正在不断被边缘化，主流位置的失落更应该激发知识分子通过道德自省的方式抵御文学领域的市场化、娱乐化的媚俗倾向，从而进行文化救赎。

王蒙却站在相反的立场上引起注目，他的《躲避崇高》一文直接肯定了曾被视为"痞子文学"、媚俗代表的王朔文学作品的价值，将其视为"躲避崇高"的典型。王蒙其实延续了后现代学者对崇高的理解，拒斥"崇高／低俗"这种非此即彼、非好即坏的二元对立范式，主张以更为宽容、开放的视野对待世纪末文化幻象。他认为王朔正是用调侃、戏谑的方式撕下了伪崇高的假面具。王德胜对于当代审美文化的阐述也谈到崇高所面临的艰难处境："崇高在此陷入了自身的尴尬之中：思想的成熟、精神的自我修炼，对于现实人生的实际需要，只能是一种不可企及的精神奢侈；人的解放和自由如果仅仅是一个令人神往的神话传说，那么思想的深邃和生命的伟大便永远成为了某些个人的精神自救与幻想，而它的非现实化和理想化的特质必然遭到日常生活的普遍嘲笑。"[1] 所以说，传统关于崇高的定义在后现代语境中已无法安放，崇高不是具有"精神洁癖"的知识分子高高在上的呻吟叹息，而应该是基于大众日常生活之中的发现与观照，利用更为平易的、通俗的方式使人们能对自我的精神价值进行审视和思考。

"崇高"作为中国文化的审美价值一直以来得到高度认同，在上千年的历史文化传统中始终代表着中国文化身份的核心内涵。随着现代化进程的推进及全球化趋势的到来，曾经的宏大叙事所表征的崇高价值在东西方文化的碰撞中越来越受到抵触与反抗，这种抵触与反抗不仅来自作为"他者"的西方，也来自本土文化主体。双重反抗导致文化本体的追索走向了崇高的对立面，将通俗甚至低俗作为抵抗崇高、消解崇高的法宝，这样势必造成中国文化身份追寻的矫枉过正。正如詹姆逊所说："在原有的现代的崇高的位置上，出现了美的回归和装饰，它抛弃了被艺术所声称的对'绝对'或真理的追求，重新被定义为纯粹的快感和满足。理论和美构成了后现代'艺术的终结'的基

---

① 王德胜. 文化的嬉戏与承诺 [M]. 郑州：河南人民出版社，1998：21.

本要素，但是它们又通过使 70 年代呈现为'理论'的时代来达到互相牵制，而到了 80 年代，它们则完全沉浸在灯红酒绿的文化放纵和消费之中（现在甚至开始包括符号和理论本身都表现出过度奢侈的消费）。"①　这种"文化放纵"是当代全球化消费社会的典型特征。既然不能崇高，是不是一定要走向崇高的反面？在全球化环境下消解本土文化的崇高就一定能赢得世界的注目与尊敬？回答自然是否定的。但是一味地因袭与复制崇高又势必会产生文化接受上的疏离，行之有效的办法就是我们的文化价值观必须要从"庙堂"走向"广场"，改变原有对文化价值核心涵义的理解，将经典崇高转向以普通人与日常生活为主体的价值核心，建构起面向世俗世界的价值认同。

（三）"崇高"在电视媒体中的后现代转向

经典美学范畴中崇高的退场并不意味着崇高的终结，它始终在寻找作为文化审美参照的最佳存在方式。新旧世纪之交崇高的呈现方式在电视媒介中发生了转向，它一改与大众文化格格不入、相对立的姿态，主动走向大众文化之中，以全新的平民化、草根化的方式重现。尤其在电视剧作品中宏大的叙事被搁置，取而代之的是能够传播普世价值的生活逻辑与文化心理，文化价值观下移文化身份感确立与文化精神传递的重要途径。

首先，世俗之思拓宽崇高的表现范畴。就像朗吉弩斯所言，"一般来讲，凡是大家所永远喜欢的东西，就是崇高真正的好榜样"。②　几年来随着社会审美范式的后现代转向，对于崇高的定位与接受也在潜移默化地发生改变，原本高于生活的崇高美学定义被个性化、世俗化、平民化的接受心理推动着回归到生活本身，在现代世俗社会秩序中寻找可以安放的位置。在市场逻辑与消费共同营造的文化氛围中，原本与生活产生距离的价值形态已经不能适应大众审美口味和接受习惯了，90 年代中期出现的"二张"与"二王"关于"躲避崇高"的论战已经预示着崇高转向时代的到来，崇高不再是对英雄、道德领袖、精英人士的神圣世界的价值认同与精神彰显，世俗欲望与普世价值更为崇高添加了更为丰富的注解，尤其是消费领域中崇高已经扩展到带有商品性的价值符号，正如鲍德里亚所说"消费是一种先验的终结"。世俗欲望语境下的崇高，摆脱了原有的神圣外衣，主动选择技术理性和工具理性下的消费符码，在展现日常生活的过程中进行深度隐喻。

结合现代社会的文化语境而言，崇高与世俗生活之间的鸿沟逐渐弥合，是确保崇高美学价值的最合理方式。1990 年电视剧《渴望》开播，第一次在

① 　[美] 弗雷德里克·詹姆逊 . 胡亚敏译 . 文化转向 [M]. 北京：中国社会科学出版社，2002:84.

② 　林新华 . 崇高的文化阐释 [M]. 上海：复旦大学出版社，2009:124.

日常生活叙事场景中抒写人性真善美，从精英人文价值转换为平民启蒙，强调在世俗语境中的价值体现，使崇高具有了当下性和更为普遍的接受性。此后一系列体现崇高感的世俗转向的电视剧作品不断被搬上荧屏。尤其是新世纪以来，以 2000 年《贫嘴张大民的幸福生活》为开端，《大哥》（2002）、《亲情树》（2003）、《婆婆》（2004）、《香樟树》（2004）、《亮剑》（2005）、《继父》（2007）、《老大的幸福生活》（2009）、《月嫂》（2011）等电视剧中，抒写的均是细微的情感与日常故事，但带给观众的却是洗尽铅华之后的朴素的崇高。

《贫嘴张大民的幸福生活》（2000）以生活在狭窄四合院中的底层市民张大民一家生活琐事为线索，将生活的压力与窘迫一一呈现，但却丝毫不给人压迫之感，张大民始终以乐观、幽默的生活态度坦然面对——房子问题得不到解决，他就围着院中大树造屋，并给出生在这个简陋小屋中的儿子取名"小树"；他领着弟弟大国到山顶上大喊，帮助他克服高考之前的自卑心理；他不断平息家中接踵而来的突发状况与矛盾危机……这就是最为普通也最为真实的日常生活，在无法规避的日常生活中保持生存的信念与坚守则是更加现实的崇高，这些剧集重新定义了生活审美的基调，崇高开始以日常生活为坐标被重新阐释，世俗价值被高度强化。

崇高的表现对象不再仅仅局限于具有家国情怀与形上之思的高大全式人物，崇高不再是为英雄或先进人物量身定做的价值与道德标尺。随着平民意识的不断提升，家文化与日常世俗生活成为崇高书写的主要领域，对生活的本体性反思代替了以往宏大事件中孕育的乌托邦理想，这种对于崇高主题的开掘要求表现对象要逾越原本崇高范式所建构的与生活的距离，以生活中的小人物身上带有的道德与理想重新进行关于崇高的隐喻。

电视剧《老大的幸福生活》（2009）以东北小城走出来的大哥"傅吉祥"在北京的生活为线索，着重体现了他用自己最简单最质朴的生活逻辑对弟妹们在生活观念、生活方式及价值追求等方面的影响，体现出一种朴素的崇高感。傅吉祥集中代表了崇高主题在平民意识的影响下对塑造对象的世俗化转向，社会中最为平凡的小人物也可以成为叙写崇高的价值范本，在日常生活中挖掘他们身上朴实无华的美好，利用与受众最为接近的形象模板传达出崇高的本真追求，消弭崇高人物与世俗人生的距离。这就是新世纪电视艺术作品对崇高的深度反思。傅吉祥在东北小城过着知足快乐的日子，虽然他的经历在许多人看来充满坎坷与辛酸——父母早亡，供养四个弟妹到北京读大学，由于丧失生育能力而婚姻失败，开办一个小足疗所维持生计……弟妹们出人头地之后执意打破傅吉祥平静的生活，想用更为现代的生活方式来扭转大哥的人生观，让他过上所谓的幸福生活。但是傅吉祥却亲眼目睹了弟妹们在大都市中生活的困惑与迷惘：二弟傅吉安是房地产领域的成功人士，外表光鲜内心却十分脆弱和封闭，由于前一段婚姻失败的阴影导致他只能接受与模特明月的"契约婚姻"关系；老三傅吉兆是一个唯唯诺诺的小公务员，看别人脸色生活是他的人生信条，失去自我的迷惘带来的是家庭生活的不安；老四傅吉星为了虚荣和面子购置大别墅却无力还款，在大哥帮助下才重归平静生活；小妹傅吉平沉迷于股市和豪门梦，最终梦碎而醒，在大哥的支持与鼓励下重新找到生活的方向。纵观傅吉祥的四个弟妹，都是不甘心过平庸生活、极力向生活做出挑战而以失败告终的典型形象，分别代表着对经济利益、仕途、明星梦、豪门梦的不切实际的追求。相比之下，傅吉祥虽然被生活所累，在弟妹眼里他是老实巴交的"一根筋"，但他却能在弟妹面对生活困局的时候及时开导和化解，以"活着就是幸福"这个最简单的人生信条抵御被现代社会高度物质化、功利化的生活观念。傅吉祥代表的不是生活中"沉默的大多数"，他是能够介入生活价值怪圈之中化解危机、展开调节与引导、乐观向善的平民代表，由此他也承担着后现代崇高叙事的形象转化任务。他们只是市井百姓中的一员，但是求真、求善的本性却演绎出了平凡小人物内心最现实的崇高，也正是这些小人物才能够形成与电视观众的心理共鸣，共同达成对于世俗崇高的一致理解，完成崇高的后现代转向。

其次，回归写实重新定义崇高的表现方式。曾经在电视文化中崇高的呈现往往是以诗意的方式进行的，诗意是一个内涵丰富的审美范畴，主要指通过艺术手法营造出强烈的美感和审美意味。周宪认为诗意"不只是描述文学艺术作品特性的一个范畴，而且是一个说明整个审美文化的范畴，它甚至可以用来说明一种文化氛围，一种人生态度"。[1] 这种氛围的营造和审美效果的实现主要通过高于生活的理想与象征来完成，在红色经典叙事中体现的最为明显。崇高在红色经典中的叙写方式多采用诗意地优化与美化，建构出高大全式的人物，但是却不能与日常生活进行准确对位，从而丧失掉崇高的美感体验与接受愿望。

新世纪以来尤其是 2004 年以《林海雪原》《小兵张嘎》《红色娘子军》等红色经典作品被重新搬上银幕为标志，电视剧领域中的崇高在平民视野中得到改写，虽然不是对日常生活语境的呈现，但是纵观这些剧集的改编均是将原有经典文本中符合大众审美心理和价值认同的部分抽取出来，进行符合费社会秩序与逻辑的重新编码，改编之后的崇高从"政治话语对民间文化的遮蔽"变成了"日常生活'对'非日常生活'的消费"。[2] 崇高的表达方式也从

① 周宪.消费社会及其意识形态.论审美文化 [M].北京：北京广播学院出版，2003：68.
② 陈思和主编.中国当代文学史教程.上海：复旦大学出版社，2004：65.

充满诗意的宏大叙事转向轻快喜乐的平民叙事,力求真实完整地呈现正面人物的全貌,在这种表达方式观照下的崇高才更有可信性和说服力。

2006 年播出的 30 集战争题材电视剧《亮剑》一改对于战斗英雄的高大叙事,以极其平实的方式对剧中主人公李云龙的形象进行全方位刻画,让他以一种日常生活的逻辑和姿态出现在观众面前,力求还原一个真正符合现代社会欣赏口味及崇高美学标准的典型形象。李云龙是泥腿子出身的硬汉,作战勇猛、豪爽粗犷,同时他也是满嘴脏话、倔强不安分、嗜酒吹牛的粗人。一方面他有勇有谋,指挥部队作战屡创战功,但是作品却未将这一结果与以往英雄形象刻画时表现出的高尚的精神与信仰连接,而是解释为他好斗的本性和睚眦必报、血气方刚的性格;另一方面他的农民出身也让其性格中的一些缺点暴露无遗,骂人、耍赖、冲动、违拗,甚至带着痞气和匪气。作品无意规避人物性格中的不足,反而将其视为表现正面典型所必备的元素和亮点,以此来制造矛盾冲突、拉近与观众的距离。曾经人们对于崇高的印象往往来自红色经典作品中的英雄人物和正面形象,道德的纯洁、理想的坚定、人格的高尚是红色经典彰显崇高的标准配置,一方面由于这些追求是普通人难以达到的精神境界,使崇高与日常生活产生了距离,从而越来越弱化崇高带来的精神净化的作用;另一方面,以往对于军人形象的定位都是脸谱化、模式化的,"高大全"式的典型只能存在于理想之中,从而由于过度强调其正面特征而失去了对人物性格的丰富性和复杂性的书写,因此受众对崇高感的体认和接受往往陷入被动的境地。李云龙形象的出现一改以往叙事的理想与宏大,回归到生活的本真和人物的原貌,以高度张扬的个性迅速抓住受众的眼球,既鲜活又新奇。部队即将攻打赵县,战前动员会上李云龙没有将打赢战役与国家、民族命运相联系,也没有以高尚的理想与信仰作为动员的出发点,而是用极其平实甚至带有私心的理由号召大伙儿:"兄弟们,为了你们的嫂子,为了赵家峪两百多个乡亲,咱们拼了!"为了给战士们鼓士气,他发出豪言壮语:"什么他娘的精锐,老子打的就是精锐。什么武士道,老子打的就是武士道。"与赵刚讲述对鬼子的仇恨时,他也流露出铁汉柔情的一面:"你住院一趟,我李云龙丢了三样东西。老婆被鬼子杀了,生生死死的兄弟,被土匪剁了脑袋,再加上,你这个昏迷了二十三天的政委,就算是块石头,揣在我李云龙的胸口,也该焐热了不是?我不是铁打的,我也有心,我也有肝,我也有感情!"战争胜利了,和平年代的李云龙却找不到生活的重心和价值的归属,因此陷入迷茫苦恼之中,他就发出这样的牢骚:"人要是倒霉,放屁都砸脚后跟。当什么狗屁被服厂厂长,那是老爷们儿干的吗?这不是逼着张飞绣花吗?你老丁等着吧,哪天你要是领到一床鸳鸯戏水的被子，那就是咱老李绣的。"就是这些极具个性甚至另类、搞笑的台词，一改军人和英雄形象的严肃拘谨，在生活化和平民化的言语表达中使李云龙的形象跃然于眼前，十分亲切又十分生动。也充分诠释了崇高并不是高高在上的遥不可及之物，不是对精神世界的超越，而是真正贴近人民、孕育于世俗品格之中，正是将崇高的神圣外衣褪去，其带有实用价值的平民启蒙意义才得以凸显。

二、平民意识的提升

（一）文化平民主义的兴起

我国电视文化在新世纪转向的重要表征之一就是平民文化、草根文化的异军突起。消费社会在消解主流文化与精英文化的同时，并非是对文化理性的全盘否定，而是在后现代全球化视野中体现出文化的多样化与差异性，转向对个人的主体价值与世俗话语的肯定。这种文化的转向失去了以往文化研究的批判性，而是更加体现出对平民文化、通俗文化的整体颂扬，因此它在英国文化研究界也被冠以一个十分恰当的名称——"文化平民主义"（cultural populism）。大众文化作为消费社会的主要文化形式，肯定的是文化的商业性与消费性，重视文化内容生产的市场导向，在一定程度上规避了主流文化、精英文化忽略市场的问题，本质上遵循商品经济规律运行，在市场供求体系中生产感性的娱乐消费品。并且只关注到大众的浅层的、即时的需要，而缺乏持续性的、历时性的文化价值观照，很少考虑平民真正的文化诉求，大众往往是被动地作为消费对象，还被主观臆想地加入了许多生产出来的欲望。其实，大众文化的这种缺陷在上个世纪 90 年代已经逐渐暴露，伴随而来的拜金主义、享乐主义、利己主义等文化弊病足以引起我们的反思，贴近大众、立足平民的文化到底应该如何定位？体现什么价值取向？

这种单向度的文化定位被主体意识觉醒的平民文化所改变，大众不再是被动接受的"他者"，而成为具有选择权、参与权的文化主体。他们对电视节目的要求除了感官刺激之外还追求"意义"，这恰恰是被大众文化忽略的部分，主观诉求无法完全满足时，电视受众就会形成一种"对抗式解读"（英国文化研究学派霍尔提出），来表达对电视文化重新定位的强烈愿望。新世纪的电视荧屏中明星、名人不再是唯一的座上客，平民渴望拥有属于自己的舞台，形成真正依托于这个社会群体价值取向的文化话语。平民文化说到底不是按照政治标准层、经济标准划分的市民阶层的文化，而是来源于人们日常生活，体现普通人价值立场和主体文化诉求的文化权利体现。这是主动向被动的逆袭，越来越多的电视栏目开始关注平民群体，提供百姓舞台，原本被少数人垄断的电视权力可以被更多的人自由地获得，电视文化在某种程度上实现了话语权由上到下的传递，平民在积极参与文化创作的过程中也重新界定了当代电视的文化身份。

（二）"草根"文化的逆袭

第一，草根文化的演进。

"草根"（grassroots）一词源于 19 世纪的美国，当时美国正值淘金热，传闻说黄金一般蕴含在山脉草根茂盛之地，草根一词便传播开来，由此可见这个概念自诞生起便被赋予了潜在的能量与价值。后来社会学领域引入"草根"一说，用以指代普通、基层民众，即"草根阶层"。这一阶层一般基于与政府相对的立场，代表着同主流文化、精英文化相区别甚至是对立的弱势文化。平民文化在电视媒体中的崛起受到整体社会思潮的平民化倾向影响，一改大众文化一统天下的文化格局，同时也带动了电视节目的文化定位与内容创新。这种平民文化的表达在新媒体普及、自媒体出现之后，又被赋予了新的诠释——"草根文化"。媒介技术的变革本身也孕育着新的价值形成、网络中越演越烈的博客、QQ、微博、微视频、微信等社交工具轮番登场，不仅改变着人们对媒介的认知与使用的方式，更为重要的是在便捷地、主动化地使用媒介时伴随而生的"草根"阶层，日益蓬勃壮大的这一阶层强烈要求表达自我的主观意愿，参与到文化构建的过程之中，不仅在新媒体中产生重要影响，这种草根观念也逐渐向传统媒体浸入。因此，近十年来电视媒体充分重视草根群体的文化诉求，越来越多的草根面孔与百姓故事成为维系电视与观众情感纽带的"尚方宝剑"，更为重要的是，在这些体现草根阶层的内容背后代表着电视文化身份在后现代社会中新的定位与思考。

第二，草根文化的特征。

脱胎于"草根"这个原初的形象化概念，"草根文化"的含义更为丰富，作为一种非主流的民间文化，其特点体现在两个方面：

其一，自发与随意。

没有主流价值的引导规范、没有精英文化的培养孕育，像野草一般带有着浓重的土壤气息，草根文化蓬勃而生。自古以来这种生于民间长于民间的文化形态便充满了自发性，哪里有草根阶层哪里就会孕育出这种草根文化。但是中国社会真正认识到草根文化的社会价值和社会功用，并给予其与主流文化、精英文化相抗衡的话语权利，应该是自 2005 年伊始由大众媒体所推动的。一边是电视中的平民选秀活动此起彼伏——"超女""快男""达人"等

"你方唱罢我登场";一边是网络媒体中的"众神狂欢"——"芙蓉姐姐""凤姐""犀利哥""一个馒头引发的血案"等恶搞现象风起云涌,不断挑战着人们的审丑极限。虽然不能把2005年界定为草根文化元年,但至少可以判断的是自此草根阶层在媒体的襄扶下迅速地以"燎原"之势弥漫开来。自发形成、全民参与的文化狂欢挑战着社会文化新型格局的构成。

其二,遮蔽与坚韧。

草根的含义还包含着对底层价值的"拥抱"。惠特曼曾用"草叶"形容最平凡也是最坚韧不息的生命力,但"草叶"是表露于外的,虽无法争得与参天大树同等的关注度,至少通过自身的飘摇与蔓延可以获得外化的价值;而"草根"是深埋于土壤之中,它的价值只有被深入掘取才会显现,这与"草根文化"的本质不谋而合,其实草根文化一直都存在,只是未经探寻便没有被彰显出来。在主流文化、精英文化大行其道的时代,草根虽然具有自身的文化诉求,但位于主体文化的强势围困之中而无法发声;另外,受到社会意识形态与主流话语霸权的限制,草根阶层对于表达文化需要的意愿被湮没了,并没有形成特别强烈、特别急迫的表达意愿。由于植根于民间,虽然如"野草"一般没有形成与主体文化抗衡的力量,但是丝毫不影响其用一种最为本真的状态呈现出人文关怀。一旦社会形态开始转型、社会分层结构发生变化、平民意识觉醒,处于媒介夹缝中的草根文化便表现出强烈的文化权利意识,显示出强大的凝聚力和旺盛的生命力,正是对民主性的高度追求,与现代传媒的无缝对接,草根文化俨然成为各类媒体越来越倚重的文化形态。

第三,草根文化的社会影响。

草根文化长期被边缘化也恰巧使得其原生态的文化特性得以完好保存,一方面我们陶醉于草根阶层的山野气息,在这种非主流的、自发的、民间性的文化价值中找寻真正属于普通人的精神气质,满足了社会上大多数人对于文化权利表达的想象和欲望。但是,另一方面我们也应看到,草根文化生发于民间,缺乏主流文化与精英文化的自律与自省,带有与生俱来的随意性和散漫无羁的气息。草根文化对社会主体文化的"逆袭"有赖于新兴媒体的出现,掌握现代媒体技术和工具是传达草根文化的基本条件,大部分活跃于媒体中的草根阶层实质上是城市新型市民的代表,他们热衷于表达自身文化立场和社会理解,以寻求更大范围的身份与价值认同。这个群体的心理诉求主要以获得文化参与的满足与自我抒发的快感为主,在公共话语空间中那些吸引眼球,赚取关注度、收视率和点击率的内容占据绝对主体。以此为突破,文化产业也在不遗余力地寻找发展契机,不断助推这些草根现象的蔓延。

不管是"快男""超女""星光大道"之类的平民选秀,还是郭德纲的非主流相声、"百家讲坛"的通俗化解读，都带有颠覆、去中心、戏仿的后现代浓重意识，以传统审美意识中的"出位"姿态，表现个性与自我，形成欲望化、感官化的文化宣泄与狂欢。这种文化主张容易在市场逻辑的引导下走入商业化的误区，一味迎合市场、挑战主流，从而呈现出庸俗、粗俗、低俗的"恶搞"和无聊的弊端。有人将当前的草根文化称为"青春期文化"，非常贴切地道出了草根文化带有强烈叛逆性与蓬勃朝气，同时也不可避免地与主流意识所抵触、抗衡。正是由于其过度强调审美体验的娱乐性和消费性，自身的局限也就不可避免。既要充分认识到草根文化对当前社会文化生态的补偿性作用，也应该警惕其过度的自由化与随意化可能给电视文化带来的负面效应。草根文化与主流文化、精英文化混杂在一起，共同构成了当今媒介文化的复杂局面，文化身份的认知也必须将草根文化作为重要的社会文化参与要素加以认真谨慎地对待。

（三）媒介仪式的平民化表达

20 世纪 50 年代美国文化学理论家詹姆斯·凯瑞首先提出了"仪式性的传播"这一模式——"传播的仪式观不是指空间上讯息的拓展，而是指在时间上对社会的维系，它不是指一种信息或影响的行为，而是共同信仰的创造、表征与庆典，……其核心则是将人们以团体或共同体的形式聚集在一起的神圣典礼。"① 自此媒介仪式议题引起诸多文化学者和传播学者的关注，并成为透析现今电视文化的重要理论之一。英国传播学者寇德瑞称之为"媒介仪式"，即广大受众通过大众传播媒介参与某个共同性的活动或者某一事项，最终形成一种象征性活动或者象征性符号的过程。

电视作为目前最为普及的大众传媒，自然成为制造媒介仪式的主要场所。电视媒介仪式是带有想象和象征意味的符号化过程，它的形成必须基于民众对于国家、民族的共同文化心理，电视作为呈现主体文化形象的载体，最直接地为民众提供了对于民族、国家进行想象和文化身份建构的素材，这种集体性的文化记忆在新世纪的电视媒体中被诠释得更为突出，也更为平易。媒介仪式便是国家形象、民族文化的集中体现。

第一，构建"想象的共同体"

安德森曾提出了"想象的共同体"这一概念，用以论证民族的定义，他在西方殖民主义背景中考察亚洲许多民族的创制过程，认为这些民族的创制并未在与殖民主义的反抗之中进行，而是受到当地殖民政府的文化教育，通过殖民政府的行政规划来想象和建构国家、民族的文化身份，这种想象其实

---

① [美]詹姆斯·凯瑞. 作为文化的传播 [M]. 丁未，译. 北京：华夏出版社，2005:281.

是纳入到西方视野和西方文化体系之中的。但是这一理论对解释中国民族形象构建的适用性有限，因为中国一直是比较稳定的文化共同体，但是随着全球化浪潮的席卷，这种稳定性已经被外来文化与思想侵入，人们不可避免地在西方文化视野中重新构筑自身文化内涵，"想象"又出现了。

其实，"想象的共同体"中的想象，并不是凭空假想，而是建立在对想象对象认知的基础之上的，想象需要一定的公共空间，在此将共同价值聚合在一起形成标准。大众传媒代替了传统的面对面式的交谈而变成了这种聚合地，在大众传媒形成的公共话语空间里，公众可以参与讨论，共同完成对国家民族的文化记忆与文化想象，约翰·埃利斯曾经描述电视是"民族和国家的私生活"，约翰·哈特利也曾感慨："一个国家是为其成员搭建在数片主要桩基地之上的，电视便是这样的一片桩基地。"① 电视能够最为直接和形象地为受众提供想象的源泉，而且资源在电视媒体中的聚合也容易形成一致性的标准和价值判断。例如电视中的许多大型纪念活动、仪式、晚会等就是基于集体记忆之上的对国家文化的共同想象，人们通过观看来共享经验，亦可以参与、交流和评论，媒介成功地被赋予构建共同体的意义，也把关于国家的想象带到家庭中来，这种认同空间的营造是电视特有的文化功能。

第二，春晚向平民立场回归

法国社会学家涂尔干曾指出："任何社会都会感到，它有必要按时定期地强化和确认集体情感和集体意义，只有这种情感和意识才能使社会获得其统一性和人格性。这种精神的重新铸造只有通过聚合、聚集和聚会等手段才能实现。"② 春晚恰恰是凝聚集体情感、彰显集体意义的最集中的聚合方式。春晚从 1983 年开办之初便确立了其国家话语的地位，是集中代表国家形象与文化精神的电视仪式。三十多年来，中国百姓约定俗成的"看春晚、过大年"已经成为一种具有中国特色的文化现象，承载着国民的生活愿景、价值准则和文化取向。文艺界名人、港台明星、相声小品大腕的亮相，不仅丰富了那个年代人们曾经普遍匮乏的精神娱乐生活，而且也逐渐确定了春晚节目的常态化模式——以传播国家民族文化与精神为宗旨、以弘扬主旋律的歌颂与赞美为主要形式、以由上到下的统一规划为组织方式。但是随着大众文化的兴起以及新世纪以来社会消费语境的变迁，受众对于春晚提出了新的要求，以更加平民化的方式办春晚是公众的一致呼声。新世纪以来春晚确实在以下几个方面做出了富有实效的转变：回归到大众娱乐性。春晚作为典型的

① ［英］戴维·莫利.凯文·罗宾斯.认同的空间——全球媒介、电视世界景观与文化边界 [M].司艳，译.南京：南京大学出版社，2003:89.

② ［法］爱弥儿·涂尔干.宗教生活的基本形式 [M].渠乐，等译.上海：上海人民出版社，2006:562.

媒介仪式一直肩负着传递国家民族精神和力量、唤起文化记忆的功能，因此很长一段时间春晚都被主流意识形态的表达与宣传说教占领，晚会与生俱来的娱乐性质不得不让位主流舆论的引导，但是春晚在世纪之交时陷入收视率下滑、争议不断的困局也是不争的事实。现代社会主流价值观亟需转换思维方式，在原有观念中提升世俗意义共同体的比重和合理性，以消解原有价值观的乌托邦虚幻性，作为共同体想象与认同符号的春晚自然也要服从于世俗权威。新世纪全民娱乐的风潮急速占领了电视媒介，春晚也不得不重新思考其文化定位与话语方式的改革。近几年春晚已经开始有意识地抹平媒介仪式的宏大崇高与世俗生活之间的鸿沟，以更具亲和力和轻松欢快的形式来传递社会的核心价值。春晚主持人的主持风格潜移默化地发生着转变，例如2015羊年春晚启用两个演播厅的互动形式，一号厅由朱军、董卿、李思思、撒贝宁、康辉坐镇，二号厅由毕福剑、朱迅、尼格买提担纲，两个阵营形成对垒之势，在主持人互相揭短、拆台、言语对抗之中营造出幽默、欢快的气息以及浓浓的节日联欢氛围，说明春晚也在不断提升娱乐元素所占的比重。

从歌颂走向合家欢。春晚为了建构公众对于国家形象与民族精神的想象，采用集束效应在四个半小时的时间里彰显民族情感、体现文化认同、承载家国精神与情怀，以密集的、大量的、集中的歌颂与赞美，急切地而又明确地传递出这一重要媒介仪式的核心主题——唱响主旋律，歌颂新生活。但是社会语境的变化对这种纯粹的歌颂提出质疑，在其他电视节目都在探讨着平民化发展之路时，春晚也在开始寻求改变。从原有的严肃、庄重的风格转向以贴近生活、贴近群众的形式，以合家欢式的联欢场景代替原有的空洞的歌颂。羊年春晚可以看出中央电视台在这方面所作出的努力，首次启用以央视主持人金龟子的声音和哑剧大师李奎的动作为原型的春晚吉祥物"阳阳"作为特邀主持人，负责"秀秀全家福"和"摇一摇抢红包"两个与观众的互动环节。不仅调动更多的观众在普天同庆的大联欢氛围中的参与热情，也体现出家文化在春晚仪式中的重要作用。羊年春晚在制造合家欢的喜庆气氛方面做出了富有意义的探索。

从统一规划到全民参与。公众平民意识的提升表达出对原本被控制和规划的文化内容与形式的参与的热望，春晚作为一年一度最重要也最引人关注的媒介仪式，自然也开始寻求全民参与的组织方式，并取得令人比较满意的效果。2005年央视提出"开门办春晚"，引进地方台主持人参与到春晚互动中来；面向全国电视台和民间征集优秀的歌曲、小品、相声等节目；挖掘民间原生态歌舞、绝技绝活、民风民俗；选拔国内关注度较高的选秀节目如《星光大道》《中国好声音》《最美和声》等节目中脱颖而出的优秀选手登上春晚舞台；另外还通过"我要上春晚"节目等海选方式选拔普通人登上春晚舞台。从前的春晚记忆属于当年炙手可热的明星，而近几年春晚也成了普通人的舞台——2008年王宝强与一些建筑工人演唱了一曲《农民工之歌》；2009年农民歌手马广福、刘仁喜与王宏伟合唱《超越梦想》；2011年登上春晚舞台的草根人物更多，"旭日阳刚"组合、"西单女孩"任月丽、深圳民工街舞团等；2012年"大衣哥"朱之文；2013年菜农张秀敏、农民魔术师丁德龙等人的亮相；再到2014年春晚中伴随着《时间都去哪儿了》呈现的北京女孩大萌子与父亲三十年的合影照片，都有意识地在盛大节日庆典中加入平民化元素，为了迎合当今国家形象塑造的主流意识，高高在上的"庙堂"最终要走向"广场"，才能将普世价值发扬光大，体现大国风范。

媒介仪式体现的是文化的共享与形象的塑造，凡是经由媒介参与的社会性重大事件，或通过媒介展示的公共活动，都可以体现出文化价值的定位。除了一年一度的春晚是媒介仪式的代表，一些大型活动或体育赛事的直播报道也是媒介仪式的典型案例。例如2008年北京奥运会和2010年上海世博会动用大量的中央及地方媒体面向全球直播，不仅肩负着传播信息的功能，更为重要的是利用这一契机塑造国家文化形象，直观、形象地为全球构建出一个有秩序、有活力的文化世界。在这些电视仪式中，平民主义的文化认知始终存在，在上海世博会的开幕式上来自美国、西班牙、新西兰、日本、非洲等全球各大洲的歌手同唱一首歌《一种爱》，表达出世博会海纳百川的胸怀与博览文化的盛举；另外还特别选用意大利盲人歌唱家安德烈·波切利与一位中国小女孩演唱《今夜无人入眠》，青海玉树震区幸免遇难的藏族小朋友与中外小朋友牵手的动人一幕更将开幕式推至高潮。开幕式在充分表达东西文化汇融、展示中国文化博大精深之余也不忘呈现人文关爱的力量与责任。另外通过在电视直播的国庆六十周年阅兵、神州九号飞船升空等媒介仪式中，观众不仅会对国家实力与国家形象的日渐强大印象深刻，更会为参与阅兵的普通战士艰苦的训练过程、神州航天员秉持的关于航天梦的个人情怀所感动。因此随着社会思潮的演变，媒介仪式带来的文化认知也在调整角度和思路，这种认知是基于社会需要与价值认同基础之上的，平民话语、草根话语与主流话语、精英话语的互动融合将是媒介仪式主要呈现的话语方式，也正是这种转变才能重构中国电视的文化身份，以更具温情与人文关怀的方式完成对于国家形象、民族精神的想象。

第三节　泛娱乐化与文化价值重构

大众媒介具有与生俱来的娱乐功能，尤其是在奇观社会，电视媒体已经不再关注真相，通过不断演绎而呈现幻象，理性价值被一些仪式化的表征所替代，娱乐化的快速生产与消费成为电视内容制作的依据，游戏、狂欢和窥探成为当下电视娱乐文化的主要形式。其实电视不是不能娱乐，娱乐本身的积极意义应该被充分挖掘，因为它能够对人们及社会形成不可否认的积极作用。娱乐文化在启迪人们的心智、舒畅人们的胸怀方面具有强大的正能量，生活中辅以娱乐的调剂能够怡情养性、增加日常生活的审美情趣。但是新世纪以来，娱乐文化的这种正面功能被过度的狂欢、宣泄、感官刺激所湮没，负面功能成为了娱乐文化的全权代言，导致文化道德底线不断被触及。人们从媒介奇观的接受者变成生产者并陶醉其中，形成"众神狂欢"的草根盛宴。

一、故事化新闻：戏剧性与娱乐化

"新闻从某种意义上，已经从传统那个男性的、政治的、评论性的和国家的世界，摇身一变成了女性的、私人的、视觉的、叙事的和个性的天地。"[①] 这种二分法未免带有偏激和绝对，但在某种意义上却形象地道出了当前电视新闻发展的风向——娱乐化。最为集中的体现便是在新闻中融入冲突与戏剧性，借助故事叙事的手法创造出新闻表达的奇观效果。

新闻故事或故事化新闻最早可追溯到上个世纪 70 年代的美国，当时提倡的新新闻主义便是对故事的普遍推崇和实践探索。新新闻主义者主张利用文学、小说的写法来进行新闻叙事，以符合受众的接受喜好，在获知信息的同时能够享受到阅读的审美快感。当然"新闻故事"的报道效果是以充分的人情味和丰富趣味性为标准，目的是培养受众对媒体的"情感忠诚度"。清华大学国际传播研究中心主任李希光曾提出"报道新闻就是找故事和写故事，这样我们的新闻才有力量，才有感染力"，也充分说明了故事在新闻中的作用。《新闻调查》的报道思路——"主题故事化、故事人物化、人物情节化、情节细节化"，其最终的落脚点便是细节。我们自然赞同新闻中采用对话、场景描述、细节展示等方式更好地呈现事件，这种写法确实能够引起受众的接受兴

---

① 陆扬 . 王毅 . 大众文化与传媒 [M]. 上海：上海三联书店，2000:106.

趣与情感共鸣，但是新世纪以来以电视民生新闻和故事化新闻栏目为代表的新闻样式却走向了极端——对故事叙事的冲突与戏剧性的放大、对现实事件的戏谑、对琐屑的过度偏爱等等。

（一）陌生化的收视体验

陌生化理论源于俄国形式主义文学的核心概念，"陌生化"又称"反常化"和"奇异化"，旨在使人们已经习惯化、自动化了的感知力恢复到新奇状态。"陌生化"是对读者的心理特性深入研究之后，发现读者的接受心理如果被反复刺激就容易出现"衰竭"，心理感受能力敏感度降低，最终可能形成自动化、无意识的状态。对于现代传媒来说，如何对于受众的惯性接受心理进行有效刺激，唤起其对新闻内容的观注，是在白热化的新闻竞争中脱颖而出的关键，陌生化的新闻叙事无疑是十分有效的途径。基于"用事实说话"的基本原则，众多新闻节目开始考虑运用新颖的、陌生化的新闻叙事视角，或运用逆向思维及发散思维方等式打破人们的思维定式，从观众不甚熟悉的视角切入引发人们的关注和思考，以此吸引观众的收视兴趣，使以往千篇一律的新闻报道模式改头换面，抵消"自动化"及"套板反应"的消极影响。

如辽宁卫视《王刚讲故事》之《儿子用生命惩罚我》。讲述的是一个瘾君子的儿子先天心脏畸形，由于父亲吸毒、戒毒、复吸、再戒，儿子的病一直耽于治疗，错过了两岁手术的最佳时期，在五岁时终于获得手术机会，但希望很渺茫，最后死在手术台上。新闻故事在开始时先不急于交代瘾君子的背景及家庭状况，而是从小孩的病入手加以渲染，逐渐引出冷漠的父子关系及父亲对这个家庭、对孩子的失职。进而推进孩子的手术危险及未知结果就显得更加悲情，结局也更发人深省。尤其配发的新闻题目，首先设置一定的悬念，在新闻叙事过程中显得更有新意。这就是运用逆向思维的方式进行新闻的组织和叙述，使其突破了传统新闻僵化模式，取得较好的传播效果。当然这种陌生化手法并非屡试不爽的灵丹妙药，过度运用会造成受众对于戏剧性的感性体验及悬念叙事的满足，从而忽视新闻事件本身。

（二）被戏仿的现实世界

消费社会中的新闻不再是纯粹的严肃中立的冷峻面孔，也会沾染上或多或少的商业属性，诚如清华大学李希光所言，越来越多的新闻已经成为了广告和娱乐的囚犯。媒介市场化程度越高，媒介的竞争就越激烈，在成熟的通信技术面前，媒体已经不再单纯对时效性关注。一些新闻媒体开始从新异性方面努力吸引更多的受众，因此虚假新闻风生水起，甚至成为一种时尚。追求独家"精彩"新闻，日益腐蚀着新闻的真实性，严重影响传媒的公信力。

央视"藏羚羊照片造假"事件、北京电视台的"纸箱馅包子"事件等如此大胆、肆意地制造与散播虚假新闻，愚弄着受众对媒体的信任，新闻事件俨然变成了一场游戏，现实世界在电视媒体中被戏谑地呈现。

（三）炒作与窥视的奇观

居伊·德波在描述后现代社会时提出："景观是一场永久性的鸦片战争，是一场根据自己的法则不断扩张的，精心设计的，强迫人们把货物等同于商品、把满足等同于生存的鸦片战争。"①在这种景观之中娱乐就像鸦片一样不断涤荡着人们的内心，以满足欲望、窥探他人隐私、炒作明星绯闻当做迎合受众的"尚方宝剑"，哗众取宠、危言耸听。《纽约先驱论坛报》的记者斯坦利·沃克给新闻下了一个形象的定义：新闻就是建立在3个"W"之上——女人（women）、金钱（wealth）、坏事（wrongdoing）。纵观目前民生新闻追求的价值取向，确实呈现出一种过度平民化的趋向，对于暴力犯罪、血腥场面、婚外情等内容的偏爱是当前新闻娱乐化的主要表现。

二、综艺节目：娱乐泛化的收视奇观

新世纪综艺节目在电视媒体中风生水起，充分激发出大众传媒的娱乐功能，成为探讨电视文化无法回避和绕开的媒体奇观。晚会节目、选秀节目、婚恋交友节目、职场节目、梦想节目、竞歌竞舞竞智节目等等"你方唱罢我登场"，共同热闹着电视荧屏，也宣告了电视泛娱乐化时代的到来。

（一）"众乐乐"的集体狂欢

费斯克认为："大众快感产生通过两种方式：规避与生产。规避就是对现存权利、意识形态以及其他社会规范的逃避；生产则是对对象的体验、认同。"②草根文化的生产就是一个"独乐乐"到"众乐乐"的过程。娱乐时代激发了群体性、体验性的全民参与，受众在多元价值及消费意识的包裹中加速发展出了自恋型人格——不仅成为他人娱乐的看客，更将自我进行暴露与倾诉，成为生活在奇观社会的"娱乐人"。当前文化生态促使草根意识觉醒，电视娱乐不再专属于名人、明星，平民在对主流话语、意识形态日趋疏离导致注意力与精神寄托的转移，娱乐成为了生活的日常审美消费品，"参与""对话"替代了单向度的"观看"。自湖南卫视掀起的娱乐旋风"超女""快男"到"非常6+1""星光大道"再到"中国达人秀""中国好

---

① [法]居伊·德波.景观社会[M].王昭凤，译.南京：南京大学出版社，2006:15.

② [美]约翰·费斯克.王晓珏.理解大众文化[M].宋伟杰，译.北京：中央编译出版社，2001：80.

声音""最强大脑""职来职往"等收视屡攀新高的综艺节目均遵循一个标准——平民的参与性。

（二）圆梦机制与异化想象

个体价值的认同与实现是草根文化时代公民意识觉醒的集中体现，能够实现文化公民这一迫不及待的诉求首推电视媒体，在电视营造的公共场域中普通人可以充分进行自我展示，虽然可能不够专业和完美，但参与的满足与过程的刺激，完全使草根群体获得了前所未有的被注视、被围观的虚幻性认同，在此之上完成对于自我文化身份的异化想象。之所以称之为异化，主要是因为电视中的梦想舞台成就的是奇观化的消费幻境，直接目的还是以满足大众"看客"心理来获得收视率与品牌形象力的双赢。电视中的参与者对于梦想的博弈是大众梦想的替代，无法实现圆梦的受众只有通过梦想选手的展示来获得虚拟的体验性快感，他人的梦圆仿佛也是对自我梦想缺憾的些许安慰，这样受众找到了与电视屏幕中的他者情感共鸣与价值同一的交汇点，自觉地把自我纳入到这样异化想象的轨道中来。从《非常6+1》《星光大道》到《中国梦想秀》《中国达人秀》，都不仅仅为了展示达人们超乎想象的过人本领，而总是频繁强调个体的草根定位，尽量去弥合达人与普通人的才华代沟，目的就是通过梦想奇观唤醒大众的自我意识，既然能够冲破权威，消解中心，那么也应该在多元、混搭的社会语境中确立自身的文化定位。民主投票是实现自我价值认同的必要环节，虽然梦想导师的辛辣点评会让人感受到无处不在的权威感，但最终的决定权还是交给大众，符合电视文化发展到草根时代的民主期望。

（三）凝视与窥视并流

电视在新世纪之所以成为草根狂欢的舞台，除了大众倾心于展示与参与的审美快感之外，一个非常重要的原因是电视观众的"凝视"心态。拉康提出的"凝视"理论意在说明自我在被他者凝视的过程中对主体身份的认知，从而产生一种价值判断，而凝视者也在凝视的过程中寻找符合自我定位的内涵，从而达到审美的享受，即"审美的感性快感功能具有某种巅峰性，它把人从工具性和道德的刻板压力中拯救出来，因而具有某种积极性"。[①] 如果我们对这种凝视进行心理层面的解读，就会发现他者的凝视还伴随着一种窥视欲，"在人的本能心理需求中，窥视癖是一种好奇心的变种形态。这种欲望既是生理性的，在一定程度上满足感官刺激的需要，又是社会性的、认知世界

---

① 周宪．刘康．中国当代传媒文化研究 [M]．北京：北京大学出版社，2011:17.

的精神需要，具有一定的合理性。"① 对草根的窥视比明星更接近虚拟世界中的自己，更能够激发受众的好奇心与观看欲望。

《非诚勿扰》《我们约会吧》《百里挑一》等婚恋交友节目的热播掀开了"剩时代"电视娱乐的大幕。"剩女"现象已然成为后现代社会发展时期的突出社会问题，自然而然"剩时代"的婚恋观、相亲交友在紧跟社会风潮的电视人眼里成为了博取草根眼球的绝佳选题。江苏卫视的《非诚勿扰》以其华丽的舞台、风趣的主持、辛辣的嘉宾点评以及俊男美女的强大阵容领跑此类电视节目。"只创造邂逅，不包办爱情"的栏目口号提醒着受众这只是一个游戏的拟态世界，是否能够成就真正的姻缘并不是节目旨归，其立足点主要面向了具有窥视欲望的普罗大众，将他者的隐私与个人情感作为自我价值认同的参照或评价对象，在观看过程中沉浸于真实与虚幻的镜像，从而满足后现代语境中人的复杂心理。

三、历史剧：被言说的历史幻象

电视剧领域的娱乐泛化倾向也特别突出，历史尤其成为被戏仿与演绎的众矢之的。就如学者们坦言，："大众艺术的艺术实质是一个内核中空的表皮，现代工业色彩绚丽的包装只是要引起人们直接即时的消费欲望。"② 当前收视率颇高的一些历史剧已经将历史事件和历史人物作为佐料，对历史的尊重与皈依让位于娱乐消费的精神狂欢。新历史主义者提出的口号——"一切历史都是当代史"，被当今电视剧创作和制作者们充分演绎，穿越、宫斗、传奇……成为了时下对历史解读的注解，真实的历史变得无足轻重。这是后现代社会文化映射的典型特征，同时也影响着电视文化身份的认知。

（一）穿越与异变

穿越剧这一概念是近几年伴随着穿越小说的流行而形成的，并成为电视剧领域一时间争相效仿的题材。穿越剧指主人公由于意外或借助超自然力量跨越时间和空间的分隔，进入到与现实时空迥然相异的另一环境，成为为理想之中的自己，参与历史进程及事件的发展，体验时空交错的自由与胜利。穿越题材首先源于西方的科幻作品，利用时空隧道完成穿越，主要表现的是对未来时空的想象；而我国新近流行的穿越剧则更偏重于对过去镜像的迷恋，穿越回古代成为新世纪穿越剧的主要情节线索。穿越剧作为流行文化的代表具有广泛的社会接受基础。

② 陈龙．在媒介与大众之间：电视文化论 [M]．上海：学林出版社，2001:266.
① 黄会林．尹鸿．当代中国大众文化研究 [M]．北京：北京师范大学出版社，1998：416.

从 2010 年央视开年大戏《神话》的热播到 2011 年《宫锁心玉》《步步惊心》所谓的"清穿大戏"的爆红，穿越剧无可争议地成为近几年电视剧创作的标志性景观，作为消费文化繁荣的衍生品，带有鲜明的时代烙印，同时也折射出当下电视文化对娱乐文化的皈依。"穿越是平凡人的梦想旅程，也是平凡人对抗时间、寻求永恒、逃离现实、实现虚拟自我的娱乐狂欢。"[1] 穿越剧的流行一方面契合了人类对科学主义时空关系的无尽畅想，一方面也还原了中国人浓重而又神秘的历史情结，有其存在的必然性与合理性。

《步步惊心》是近几年穿越题材电视剧的代表作品，改编自 2005 年桐华在晋江文学城网站上发表的同名穿越小说，于 2011 年 9 月在湖南卫视首播。由于先行在线发表的小说已经集聚了众多粉丝，因此该剧一经播出便成为当时的收视王，虽然与先期播出的《宫锁心玉》题材撞车，都是围绕着清康熙时期九子夺嫡事件展开故事，但丝毫不影响该剧在受众中获得较高的收视率和良好口碑。作为"清穿剧"的代表，《步步惊心》在以下方面代表着穿越题材电视剧的发展趋向：在历史幻象中寻求自我定位与价值认同。主人公张晓是现代都市的白领女性，价值观念与个性特征带有十足的现代印迹，在芸芸众生中按照生活既定的轨迹波澜不惊地生活。她意外地穿越到清朝之后，成为马尔泰将军的女儿若曦，后来又进入皇宫成了皇帝身边的奉茶宫女。若曦以她敢作敢为、率真善良的个性在皇宫体验了一场与现代社会迥异的生活：帮助姐姐挽回尊严，为风尘女子绿芜请命；一曲《一剪梅》令康熙龙颜大悦，一首《沁园春·雪》博得皇帝"听惯了尧舜禹汤，今日这话倒是新鲜"的感慨；她不卑不亢，坚守正义与真理，帮助众位阿哥躲过难关，也赢得皇帝与阿哥们的青睐。张晓在现代社会的个体价值渺小得无足轻重，代表的是现代人在科技进步的洪流中难以完成自我身份认知和价值定位。但当历史将她与现代社会隔离而引入一个新的环境时，她凭借现代思维与科技的头脑以及能够预知历史进程的经验仗义执言、锄强扶弱，在历史时空中寻找到自我价值彰显的最佳契机和位置，她再也不是无足轻重的小人物，而是影响历史发展的关键点。现代社会闭锁的内心与紧绷的个性在历史环境中得到充分释放和舒展，极大地满足了现代人追求自我身份与价值认知的心理诉求。

传统与现代价值观的碰撞与位移。穿越剧的流行很大程度上反映的是现代人的共同心理——依附于现实又逃避现实的矛盾与纠结。在现代社会生活的重压之下，人们希望寻求一个理想之所来纾解紧绷的情绪与压力，传统恰

① 孔朝蓬. 穿越的梦想与历史的沉思——穿越题材电视剧热播后的冷思考 [J]. 中国广播电视学刊, 2011（4）: 57.

恰填补了现代人所缺失的田园牧歌式的悠闲与从容，体现了现代人对于逃离围城涌入自然的强烈憧憬。现代社会的物质丰盈与技术进步极大地满足了人们的物质欲望，却使精神危机与信仰危机浮出水面，从而产生一种惶惑不安的心理郁结，穿越剧能够给受众提供这样一个童话的世界——没有现实压力和理性思考，以幻想的方式搭建起传统与现实的桥梁，打通古今文化交融的渠道。事实上，我们发现这种贯通只是现代人的一种想象性诉求，穿越回历史时空并不能找到永久的精神安放之隅，反而会加重传统与现代价值观的碰撞，甚至发生位移。若曦在穿越到清代之后并没有抛弃她的现代意识，平等与被尊重是她作为女性极力要捍卫的，但是在封建社会里这种意识却被视为大逆不道、有违常理。她在看到姐姐受到嫡福晋的欺辱就仗义执言："像你这种人才，根本犯不着困在这里，跟别的女人分享一个男人！实话实说，做女人也要有尊严，不靠别人自己也可以撑起半边天，就算终生不嫁又怎么的，乐得自由自在，何必受那种窝囊气。"话一出口马上被姐姐若兰以封建礼教反驳："这种大逆不道的话，你怎么可以说得出口呢？难道你不知道自己是什么身份吗？""身份"一词就定格了女性在传统中的地位，张晓自身养成的独立意识与平等观念在封建社会的禁锢中找不到突破口，就连她和十三阿哥畅玩饮酒也被认为是有违伦理，她不得不发出"以现在的观点看无任何不妥，我不能用三百年后的观念来要求他的。……我不禁叹气再叹气"。现代与传统观念的强烈碰撞也让若曦感到无所适从。现代人无法真正逃避所处的社会环境，逃离了一个时空的枷锁也会陷入有一个枷锁的绑缚，因为现代社会孕育的文化价值观念与思维逻辑在传统中也无法安放，只能在虚拟幻象时空中加剧文化冲突，陷入文化迷惘。

消费文化逻辑下的青年亚文化对主流文化的挑战。电视剧《步步惊心》改编自桐华的网络小说，在网络中已经形成相当多的忠实粉丝，拍成电视剧之后更引起人们对于穿越剧的关注和评论。剧中呈现的时空转换、古今元素混搭使剧情极具张力，在承认历史真实和历史必然结局的同时，人为地提供历史发展的多种轨迹；在对历史怀有敬意的同时，又追求对历史人物的戏谑解读和异变定位，应该说这与消费社会时代大众的猎奇与娱乐心态不谋而合，满足了现代社会人们拥抱现代与传统的双重诉求，也体现了大众文化语境下历史与娱乐的共谋。穿越剧抛却了历史正剧严肃与正统，沉淀下来的是对无法经历的过去的虚幻想象，一如消费社会中人们对现实产生的惶惑不定，需要在历史中找到灵魂休憩的场域。不需要崇高的膜拜和理性的思考，只留下想象性的满足来对抗现实生活的压力和价值虚无的彷徨。这正是消费文化逻辑下亚文化群体所崇尚的削平深度、对抗权威，以碎片化、随意化的方式创造属于自身的文化空间。穿越不仅为影像艺术所采纳，在文学、游戏等领域均具备较高的人气和接受度。

我们也应看到在穿越中对历史的还原与尊重被闲置，肆意的想象颠覆了对历史的起码认识和界定，戏谑地叙事、对历史随意的拼贴加上对偶像人物的过度追捧使穿越剧难免陷入文化快餐与娱乐狂欢的窠臼。这种文化工业的商业化运作将历史作为陪衬，甚至架空历史、异化历史人物从而颠覆大众对历史的认知，将历史文化推向低幼和琐屑的境地。大众文化娱乐化的结果就是，大众一方面需要情感的宣泄和游戏的快感，另一方面又会陷入对这种过度娱乐和虚幻的深深不安与自责，于是在穿越剧屡创收视奇迹的同时，也因其内容的高度复制性、荒诞的情节设置以及某些剧目的粗制滥造，纷纷被受众吐槽。因此，穿越剧自产生之日便与争议并存，既然文化工业的脚步不会停止，对感官娱乐的追逐就不会结束，穿越已然成为电视文化构成的一个新晋成员不容忽视，但是需要警惕的是历史的过度消费势必会消解电视剧的艺术价值和深度思考，穿越不可怕，只要能够负载社会责任和文化力量即可。

（二）宫斗与突围

宫斗剧是活跃于新世纪电视剧领域的另一类剧作，2006年香港广播电视公司《金枝欲孽》登陆湖南卫视，掀开宫斗大戏的序幕，此后《美人心计》《宫心计》《后宫·甄嬛传》《陆贞传奇》等纷纷跻身宫斗剧之列，在引发收视热潮的同时也促使对电视文艺创作以及电视文化价值取向方面作出理性的思考。

宫斗剧是以皇宫中生活的女性为主体，描绘她们在皇权下生存、成长以及情感纠葛等内容的历史题材电视剧，往往突出表现的是后宫女性明争暗斗以谋求立足或上位。皇族权力斗争、人物情感纠葛、个人奋斗历程是宫斗剧一般具备的三个要素，在此基础上叙写人物在权力与道德之间的思想博弈。因其将视野聚焦于中国历史进程中某些令人瞩目或较为神秘的朝代，故事情节跌宕曲折、人物命运一波三折、服饰语言华丽多彩以及偶像叙事的力量，使其比较贴近受众的观赏期待和猎奇心理，因此获得不俗的收视率。

2011年《后宫·甄嬛传》的热播再一次引发了电视文化界对宫斗剧的关注，不仅先后在地方台和各个卫视频道拿下不俗的收视战绩，也创下了历时性电视媒体与网络视频媒体反复播出、多次点击的奇迹。流潋紫的这部作品首先以网络小说的形态引发网友的关注，在被纷纷阅读和转载的同时，也招致这部剧作是"小说版的《金枝欲孽》"的非议。单纯从作品描绘的时代背景、人物角色定位、宫斗情节设置等方面比较，二者确有相似之处，共同体现出宫斗剧、尤其是清代宫斗剧的典型特征。但是《甄嬛传》改编成电视作品之后，不能不说是对以往宫斗剧的突围，它不仅将以往宫斗剧的特质集大成而精致化，而且在扩大作品内涵、丰富作品意蕴、满足受众审美期待等方面均作出突破。

深化了宫斗剧的内涵。如果宫斗剧只将后宫妃嫔侍女们的争宠、上位、谋权等作为作品表现的全部内容，容易使作品流于庸俗、琐屑、消极的层次。其实宫斗只是情节线索发展的有效助推剂，而非屡试不爽的取胜法宝。宫斗剧最吸引人之处应该是在信念的幻灭、爱情的陨落、权力的争夺、后宫争宠等表层之下潜在的个人抵抗与奋斗的历程。《甄嬛传》显然深谙这个叙事与文化审美逻辑，刻画出甄嬛从渴望"白首不分离"爱情的纯真少女，到陷入后宫明争暗斗的洪流之中，再到争宠、失宠、邀宠一系列危机与险境的遭遇与化解，最后排除异己走向权力之巅后的疲惫落寞。在"树欲静而风不止"的深宫后院，甄嬛注定不能与世无争，她所做的每一次抵抗均是从自保的立场出发，在不违背道德与友情的原则下振翅高飞，希望逃离这个束缚与压迫的男权世界，逃离这个只有猜忌与仇恨的是非之所。但经历了一系列打击与陷害之后，甄嬛很快意识到所有的挣扎与努力都不及反抗来得彻底和有效，在充斥着腹黑与心机的环境中只有自己也变得同样腹黑才能自保。浪漫主义美学张扬个性解放，通过灰姑娘式的个人奋斗历程，在理想化的剧情设置中肯定女性追求心灵的自由与情感的独立。甄嬛便是在权力与阴谋的围困中凭借善良的为人与端正的品行突围出来，一步步走向后宫的巅峰之位，这种个人成长的经历也是对在现实生活或职场中遭遇困境的现代人的一种激励。因此这部剧也满足了现代人渴望被发现、被认同的心理诉求，脱胎于历史却又植根于当下大众文化和市场逻辑，深化了宫斗剧的内涵。

扩大了宫斗剧的外延。该剧运用浪漫主义美学原则，虽然不能做到对历史真实再现，但是力求神似的创作标准仍然将清代宫廷生活的点滴尽量还原到历史之中，从帝王将相的饮食起居到宫廷的礼仪庆典，再到人物的服饰造型、陈设用具等都成为精心设计的视觉景观，无不彰显着清代皇族生活的华贵与典雅，同时古代皇宫深院内的生活封闭而神秘，恰好能够满足现代人对于遥远时空的猎奇和想象。就拿甄嬛的造型来说，初入皇宫时衣着以淡雅素色为主，齐刘海的简单发型衬托出天然而成的纯洁与美好；当晋升为莞贵人之后甄嬛的发髻开始丰满起来，但仍然不失质朴；被封为莞嫔之后旗头开始高大繁复，衣着颜色艳丽、式样华贵，妆容浓郁，说明地位和品阶的提升；在晋升为贵妃以及皇贵妃之后，旗头换成了盘发，头饰与衣着均以皇室独享的黄色装点，浓妆、红唇、华服无不显示出人物地位的尊贵与霸气。《甄嬛传》

在这些细节的设计与呈现上，确实做到了少有的精致与考究，极力扭转受众对于宫斗剧的审美定格，利用符合历史原貌与逻辑的辅助性细节彰显电视艺术审美的雅韵。

附着的文化价值提升品位与意蕴。该剧台词是使其摆脱庸俗的神来之笔，夹杂唐诗宋词的台词充满典雅古韵——崔道融《梅花》中的"逆风如解意，容易莫摧残"，成为甄嬛与雍正偶遇的暗号；卓文君《白头吟》中的"愿得一心人，白首不相离"反复被甄嬛吟念，体现出封建社会女子依附于爱情与婚姻的单纯愿望；甄嬛与允礼合奏的《长相思》则来源于李白，如泣如诉地演绎出二人的悲剧结局。这些古典诗词的运用被作者流潋紫称为"向《红楼梦》致敬"，恰到好处地为观众呈现出了中国传统文化的丰富底蕴与精致文雅，《甄嬛传》也因此被誉为通古论今的"百科全书"。[①]另外极具优雅古韵的主题曲与插曲更是这部剧作的亮点，为该剧增加了厚重的历史感和唯美的文化意蕴。由著名音乐家刘欢亲自操刀的主题曲与插曲摒弃流行浮躁，回归古味。片尾曲《凤凰于飞》采用《诗经·大雅·卷阿》中对凤凰偕飞的意象，描绘从爱情的相守相惜、美满幸福到失意怅然、孤寂终了，曲调婉转温润、荡气回肠。插曲《菩萨蛮》《惊鸿舞》分别以温庭筠和曹操的诗词作品编配以古风古韵的乐曲，将人物的悲喜与情愁幻化成艺术的节奏和韵律，在低沉温婉之中烘托出主人公跌宕起伏的人生宿命。法国著名导演雷内·克莱尔在《电影随想录》中所言，"观众并不永远都是对的。但是，无视观众的作者却永远都是错的"。[②]

对于观众的期待视野来说宫斗不仅仅是全部，《甄嬛传》无疑是在纷繁芜杂的历史宫斗剧中成功突围的一个典型案例，对于当代电视文化尤其是电视剧文化方面的启示作用不可小觑。随之衍生而来的是公众对清宫历史、古典服饰、诗词、园林、建筑等文化现象的关注，"娘娘体""甄嬛体"也爆红于网络，一部电视剧能够引发如此巨大的认知接受和社会反响，与其所秉持的美学创作理念与文化价值定位不无关系。

但是我们已经清醒地看到，谈及宫斗，吐槽和批判恐怕比理性的评论分析要多得多，批评的焦点主要集中在宫闱秘事和权力相争颠覆了历史原本应该呈现的严肃面貌，过多地渲染后宫女性沦为权力争斗的牺牲品，不负责任地对史实篡改，对历史人物进行颠覆式解读，过分突出偶像效应，语言服饰风格以及场景设置背离历史真实，整体制作粗制滥造等等，这些均体现出历

① 新华娱乐.《甄嬛传》被誉百科全书剧受众广泛流量破三亿 [EB/OL].[2012-4-13].http：//news.xinhuanet.com/ent/2012/04/13/c_122974860.htm.
② 陈旭关.影视受众心理研究 [M].北京：北京师范大学出版社，2010:121.

史剧"乱说"风刮起的庸俗风暴，虽然一时之间博得受众的眼球关注，但无法沉淀出历史与传统文化的价值内核，只是流于娱乐泛化的空洞所指之中。因此，对于宫斗题材历史剧的文化定位与价值的自我确认就显得尤为重要，也成为未来历史剧创作需要秉持的重要宗旨。

（三）戏说与重构

历史题材电视剧中的"戏说"风较之上述穿越和宫斗出现的时间更早，1992 年热播的《戏说乾隆》为此类历史剧定名，随后《宰相刘罗锅》《康熙微服私访记》《还珠格格》《倾世皇妃》《武媚娘传奇》等历史剧纷纷播出，电视历史剧领域逐渐呈现戏说、乱说、甚至胡说的燎原之势。戏说作为一种审美形态不仅仅出现于消费社会语境中，在中国历史文学叙事中早已有之。刘起林曾将中国古代的历史题材叙事归为三种审美形态："小说中'羽翼信史'、戏曲中'以曲为史'的'依史'类创作；小说中'虚实各半'、戏曲中'借史寓思'的'拟史'类创作和'艺人历史剧''事、艺中心'、娱人至上的'似史'类创作。"[1] 这种分类为当下出现的历史戏说类电视剧进行了清晰的定位，也一语道明"似史"类创作的娱乐主旨。新世纪戏说风历史题材电视剧极其偏爱的是"武则天"题材，以这个历史人物为原型的影视作品在新世纪已经问世近十部，分别对武则天的形象进行多重解读，无论是侧重对其爱情经历的挖掘、着眼于她追逐皇权道路的坎坷，还是将其重构成一位有情有义的后宫受害者，都是利用现代人的眼光对历史进行重新加工，体现的是消费社会逻辑准则下的戏说与重构。

大量出现于 2000 年之后以"武则天"为主要形象的电视剧作品，在某种程度上代表着历史题材电视剧的戏说风在新世纪的演变和发展趋势。其中2014 年底登陆湖南卫视的《武媚娘传奇》再掀收视狂潮，据"CSM50 城及全国网收视数据"统计显示该剧于 2014 年 12 月 21 日—2015 年 1 月 22 日中有 29 天位列电视媒体及网络媒体同期收视冠军，收视率从 2.28 到 3.41 稳步提升。《武媚娘传奇》能够引发如此轰动的市场效果一方面来自大投入、大制作——电视剧拍摄期间总共搭设大规模场景 300 多个，内景 46 个，大小场景达到一千余个，总投资超过 2 亿元，雇佣好莱坞团队真实再现了大唐皇宫及长安城等恢宏雄伟的场景；另一方面来自精美的制作与包装，演员的服装、道具、化妆等均体现出雍容华贵、精工细作的特点，给观众带来的是一场精美绝伦的视觉盛宴；另外范冰冰作为主演和出品方之一以及"剪胸门"话题

---

① 刘起林."艺人历史剧"特征及其两面性——评当下"戏说剧"的审美形态 [J]. 文艺争鸣，2010（7）:39.

的出现更激起了观众的好奇心理，将收视率推向高潮。

《武媚娘传奇》作为 2014 年电视剧领域一个最为瞩目的现象，以及引发的强烈话题性与争议性，还在于其对武则天形象的诠释完全颠覆了历史原貌，将原本工于心计、阴狠毒辣、不惜一切代价谋权篡位的武则天描绘成忠于情感、忠于皇权、楚楚可怜的后宫受害者，她一步步走向最高统治者的位置并非自愿，而是由于外力的推动不得已而为之。这显然与历史真相大相径庭，以戏说的方式完成的是对历史理性的解构。这也代表着新世纪以来以武则天为原型的电视剧作品共同的创作倾向与历史文化旨归。

一方面，由负面走向正面，由批评走向褒扬。武则天的形象在历史文献中多有记录，虽然在发展经济、任用贤能、励精图治方面做出卓越贡献，但因为她是中国历史上唯一的女皇帝，在这个被男性书写的历史中武则天始终难逃铁血冷酷、荒淫暴戾、城府极深、充满野心与欲望的形象定位。以往的影视作品在刻画武则天时一直注意保持这两方面性格特点的平衡，力求在历史真实允许的创作空间中兼顾武则天形象的全面。但是新世纪以来随着戏说风的流行，对武则天形象的刻画已经逐渐摆脱了负面的痕迹走向正面，对其态度也从批评走向褒扬。在《武媚娘传奇》中我们甚至看不到丝毫的野心、权欲，范冰冰演绎出的是一个女性的个人传奇——天真善良、爱情至上，从始至终当不当皇帝都不是她着意争取，而是被命运一步步推向皇权之巅。这种转变的出现其实已经将电视艺术作品与历史截然分开，历史只是为电视剧创作提供了一些故事线索与人物原型而已，至于情节如何推进、人物形象如何刻画与塑造、历史事件如何呈现均与历史无关。这种"戏说"利用游戏和戏谑的方式对历史题材进行随意的拼贴、颠覆以及重构，违背历史的本来面目，抛却了对待历史本应具备的真实严肃的敬畏态度，消解了历史的神圣与崇高。

另一方面，由与历史对位走向与现代契合。戏说剧的大量出现有其存在的必然性与合理性。后现代社会对理性主义的解构为文艺创作提供了一种新的理念——戏仿，整齐划一的严肃得体已经不符合大众文化对新奇与娱乐的追逐，人们既希望了解曾经遥远而又神秘的历史时空，又不愿陷入拘谨正统的历史牢笼，也不愿对历史做出理性的思考和研判。《武媚娘传奇》中着力刻画的是集智慧美貌于一身的她在皇宫中经历的爱恨情仇以及坚韧顽强的形象，"以女、以妻、以阴、以地的命定属性，却打破这样的命定属性，而敢于直取以男、以夫、以阳、以天的命定属性才能占据的地位。"[①] 这和现实环境的现代人企求摆脱困境、脱颖而出的励志观念不谋而合，与其说这是一部历史题材

---

① 林丹娅. 当代中国女性文学史论 [M]. 厦门：厦门大学出版社，2003：51.

电视剧,不如说它是一部变换了时空的现代励志作品。戏说作为一种重要的审美形态,恰恰是利用似是而非的说史方式演绎着现代人眼中的历。或者说历史本相已经不再重要,重要的是人们在观赏过程中引发的对自我境遇与精神的观照,人们在经历思想与精神的跨世纪困惑的同时需要以更为轻松、游戏的心态面对当代社会生成的文化产品,以此来冲破消费社会带来的价值迷茫的藩篱。

需要注意的是理性主义的解构并非与历史无关,而是要对历史进行现代性解读,这是戏说历史剧创作的一个基本前提。以"事""艺"掺半的戏说仍要以"事"或"史"为基础进行一定程度的演绎,而不能以牺牲历史的发展规律和历史原貌为代价进行随意的篡改、扭曲甚至颠覆。"武媚娘"形象不是建立在对历史尊重的基础上的,而是皈依到了市场消费逻辑之中,是对娱乐至上的顶礼膜拜。创作中的市场法则与功利心态,损害了电视文化价值求真、求深的审美原则,对于认知当前电视文化身份有一定干扰作用。

新世纪中国电视对于理性主义的解构,从表象层面来看,电视节目内容及技术手段的泛娱乐化成为反理性主义对中心发出的强势挑战,在目前甚至未来相当长的时间都会成为引导受众电视消费的主要因素;从潜在层面看,反理性主义又是对理性的后现代化、深刻化的思索,回归到中国文化的原始情味不失为文化身份构建的富有长远意义的良策。

(四)文化价值重构

"阅读被视听替代,经典被流行覆盖;审美被娱乐冲淡,思考被狂欢置换;大师被明星淹没,传统被时尚逐灭。精神生活原本高格尊贵的理想情怀,正被现实社会喧嚣浮泛的消费刺激摧毁。"[1]这就是当前媒体带给世界的"奇观"。全民娱乐的文化盛景在新世纪出现有其必然性与合理性,无疑它是与当前社会文化语境伴随而生的。大众文化的特征之一就是消费性,而娱乐化最能集中体现电视文化的消费性,能够被最广泛的受众群体所接受和消费,因此这种存在的必然性不能成为我们抵制电视娱乐化的理由。通过上述的阐释我们发现无论是新闻节目的故事化倾向还是综艺节目呈现的"众乐乐"的集体狂欢,都是与当前大众的媒介文化追诉求相对接,完全在电视文化中排斥娱乐不现实,也违背电视作为大众传播媒体的社会功能。但是娱乐泛化的趋势容易使电视走入庸俗化、低俗化、琐屑化的误区,这才是电视应该警惕的文化症结,也是电视在内容生产过程中需要进行的理性思考。

理性主义的解构与重构是由后现代主义理论家在 20 世纪六、七十年代

① 吴文科.为文化娱乐三辩,误将通俗当低俗 [N].人民日报.2010-10-14.

提出，站在解构的立场上对启蒙时期的理性主义及现代哲学中的非理性主义进行全盘否定。启蒙思想中的理性主义的确立首先需要对一个中心进行建构，然后围绕这个中心对组织内部或社会生态进行调试、控制以及平衡。将个体纳入到整体之中，把个人价值与社会规范统一起来，是理性主义的核心要义。后现代主义理论家福柯认为理性主义在某种程度上是"专断"和"主宰"的代名词，"其结构的自主在自身中包含着专断主义和专横的历史"。[①] 理性主义只关注本质的同一性和规范性，忽视了个体的普遍意义和差异化需求，在启蒙的漫长道路上助长了人们的顺从和被奴役，是对大众彻头彻尾的欺骗。反理性主义产生于后现代社会，其对于中心的颠覆和解构使理性的控制失去了基点。意义的界定被完全否定，就像德里达所说："本书之外，别无它物"，意在指文本只是单纯的文字游戏而已，文本之外没有意义和真理，也不需要徒劳地去寻求所谓的真理——"游戏的规则已被游戏本身替代"。[②] 后现代社会的游戏活动恰好在电视媒体中得到最突出的体现。

电视传播原本按照主流意识形态进行，虽然也体现个体的价值和追求，但主要把社会的和谐、公正、进取作为恒定不变的价值理想，这是对理性主义的皈依。但是到了新旧世纪之交，在到处充斥着影像的世界里，人们强烈的消费欲求被高仿真的、高科技化的拟像所引爆，纯粹的影像模糊了幻想与真实的边界，人们沉浸在五花八门、目不暇接的景观之中，以此对抗来自现实社会的压力和问题。曾经构建的理性殿堂无人问津，电视媒体建立起来的、曾经屡试不爽的秩序和规范在新世纪反理性主义的浪潮中消失殆尽，人们开始用怀疑、甚至对抗的眼光尖刻地对原本的价值规范品头论足。单向度的传播被双向互动所取代，受众平民意识的觉醒要求参与到传播过程中，甚至形成对媒体的一种反传播，原本构建的中心被打破，取而代之的是由受众个体或群体形成的无数个中心，电视媒体中的反理性主义浮出水面。其实反理性主义并不是对传统理性的颠覆，而应该是更为深刻和全面的理性思考。

同样，对内容价值的重新判断不是全盘否定娱乐，也完全没有必要像尼尔·波兹曼那样提出"娱乐至死"的悲观论断，泛娱乐化是对理性的解构，但是解构也意味着一种重新的建构，在后现代社会兴起的反理性主义便是对理性的重新认识与重构。电视能做的是在娱乐之上建立更高远的价值目标和文化定位。近几年兴起的带有浓重中国气派和中国意蕴的电视节目就恰当地说明了电视文化价值的重新定位，即对传统文化进行现代化转化，与大众文化一道共同构筑新世纪电视文化身份。

① ［法］福柯 . 杜小真译 . 福柯集 [M]. 上海：上海远东出版社，1998：451.
② 王逢晨 . 最新西方文论选 [M]. 南宁：漓江出版社，1991：150.

第七章　媒体融合视角下的电视媒体规制的制度与内容

从纵向看，从古至今的媒体规制理论在不断发展，其发展原因无不与监管者为维护其统治的社会传播秩序有关，不同的时代，媒体规制的内容也会发生变化。从横向来看，传播技术的更新换代，给传播环境和秩序带来深刻的变化，需要与之相应媒体规制。媒体规制对媒体文化的形成与作用的发挥意义重大。因此，本书有必要分析媒体的规制以及新时期的内容变化，为媒体融合时代电视文化的构建提供一些新的思路。

第一节　媒体规制的目的意义

一、媒体规制的目的

媒体规制首先是一个政治现象，然后才发展成为一个经济现象和社会现象。它就像一个投影，准确而生动地反映了人类历史发展的现实，在人类的信息传播进程中一直发挥着巨大的影响。

在现有记载中，关于封建专制主义社会的媒体规制较为多见，这些时代的媒体规制，具有与其政治统治一样的特点：残酷、严厉与不择手段。到早期资本主义阶段，新兴的资产阶级在与封建地主阶级斗争过程中，开始喊出了言论自由的口号，在社会各种力量的博弈中，对媒体规制的力度逐渐削弱，直到走到另一种极端才开始回归。社会责任理论在当今社会已经深入人心，成为被现代社会广泛接受的媒体规制理论基础。

社会主义的媒体规制理论是整个无产阶级新闻理论的组成部分，从早期马克思、恩格斯和列宁的学说，到苏联的社会主义新闻实践，社会主义媒体规制理论逐渐发生着变化。中国的媒体规制理论最早来源于马列主义的共产主义新闻理论，它是以苏联的新闻体制为模式的。共产主义的新闻理论一般被认为是以马列主义为基础的，但作为一种模式的形成，在很长一段时间里，共产主义的新闻理论主要受到列宁和斯大林在苏联的实践的影响，而非植根于马克思和恩格斯有关在社会主义或共产主义制度下如何建立新闻体制的具体设想。按照共产主义的新闻理论，媒体机构应成为共产党领导下的宣传鼓动者，其主要任务是在共产党的领导下团结人民推进社会前进，以实现共产主义的远大目标。深受苏联影响的中国新闻理论，在发展过程中也走了一段弯路，媒体仅仅被作为党和政府的"喉舌"，而完全忽视了媒体的社会公器和市场主体属性，仅仅强调媒体的宣传工具职能。面对全球信息在各地无障碍自由流动的传播局面，如果不及时意识对媒体规制的错误认识，针对改进最新的传播技术和发展我们的媒体规制模式，就无法改变较长一个时期以来，我们在媒体规制中疲于应付、以堵为主的被动局面，甚至有可能完全被新兴传播技术甩在脑后，最终使媒体规制工作效果不彰甚至完全失效，从而导致新技术带来的信息传播失控。

所以，在当前时代背景下，更有必要对媒体规制理论进行丰富和发展，结合目前全媒体发展趋势，并着重对新媒体规制进行探讨。

新媒体主要指以卫星、互联网、无线通信等技术为基础的现代信息传播组织，具体包括卫星电视、国际互联网、现代移动通信、数字电视以及其他的衍生新兴媒体。新媒体在传播能力上远远超过了人类历史上曾经的任何一种传播方式。它打破了信息传播在时间和空间上的限制，在人际传播发端数万年之后，再次实现了即时的双向传播，将人类的信息传播方式推向了另一个全新巅峰。新兴媒体受到广泛欢迎的重要原因，是其丰富多彩的传播方式，而极其低廉的信息传播成本，更使之在极短的时间里占领了世界信息传播的大部分阵地。但是新媒体给媒体规制带来的冲击，一如其给世界的传播秩序带来的冲击，让许多国家和地区的政府无可奈何，包括刚刚走上信息之路的中国。那么现在有必要探究的问题是：在一个特定的社会背景下，媒体应该如何运作以满足社会的需要，而政府应该使用什么样的监管模式，以营造良好的传播环境。

本书正是基于以上的原因，决定以新媒体的监管为题，对我国自前新媒体的监管现状进行分析，并提出对我国新媒体规制体系建设的思考。

二、媒体规制的意义

研究媒体规制理论的形成、发展，有助于了解媒体规制、认识媒体规制，进一步掌握媒体规制与信息传播互动的客观规律，并丰富和完善该理论，对于指导和改进今天的媒体规制工作，创造有序的传播秩序，使信息传播更好地服务于人类社会的和谐发展，具有非常现实的意义。

从20个世纪40年代计算机的出现，到本世纪初互联网络的广泛使用，人类面对的信息传播生态环境发生了深刻的变化。传统媒体如报刊、书籍、广播、电视逐渐向数字化方向靠拢，而新兴传播媒体则在数字化的道路上不断革新，开辟出了一个又一个崭新的领域。以卫星电视、现代移动通信和互联网为代表，其先进的技术水平、丰富的资讯信息、灵活的传播方式，开始在信息的获取、到达和交流方面展现出崭新的局面，其双向运动的、交互式的传播方式，给了传统的传播理念以巨大的挑战。人们在看到并承认互联网在信息传播和人际交流方面无与伦比优势的同时，也为它所提供的空前自由屡屡突破法律、伦理、道德的界限而深深忧虑。

同时这些也对传统的媒体规制和社会的传播秩序提出了强烈的挑战。作为现代传播技术发源地的西方发达国家，最先面临新媒体规制和传播秩序有序的问题。通过几十年的探索和实践，他们已经逐渐摸索出了一套从法律、经济、行政、技术等方面对新媒体进行监管的经验，这些宝贵的实践经验对于社会主义中国开展媒体规制工作，具有十分重要的借鉴意义。

当今中国正处在经济和社会的转型期，面对仍在迅速发展的传播科技，研究如何从行政、经济、技术以及监管理念等方面实现监管的有效性，不论对于正在开展的媒体规制工作，还是对于良好传播秩序的建立，都有十分重要的意义。

首先，加强新媒体规制，有利于促进新媒体的发展。新媒体在其发展过程中逐渐暴露出来的各种问题，使人们对新媒体产生了质疑，对新媒体的态度也随之谨慎起来。但是我们说，任何新事物的发展都离不开大众的支持，如果对新媒体在发展过程中所暴露出来的问题不加以规范或制止的话，新媒体的发展势必会受到严重的阻碍。因此，我们的管理部门必须坚强对新媒体的监管，规范其市场运作，加强行业自律，建立并完善相应的法律法规，切实保障广大新媒体用户的权益，从而以规范的市场、健全的法律体系来进一步促进新媒体的发展，让它能够利用自身的优势更好的为用户、为国家服务。

其次，加强新媒体规制，有利于维护传媒生态环境。与传统媒体相比，新媒体的信息传播速度更快，信息传播范围更广，且市场准入门槛比传统媒体要低得多，只要拥有一台可以上网的电脑或手机，就可以轻松的接入互联网且自由的接收与发送信息，而正是由于新媒体信息的海量性，导致在这些信息中掺杂着许多虚假信息和不良信息，这些虚假和不良信息给我们的传媒生态环境造成了污染，大量的虚假信息扰乱了正常的市场秩序，人们正常的生活被这些虚假信息打乱，如发生在2012年的抢盐事件，该事件给人们的生活带来了不小的影响，正是由于这样的虚假信息大肆流传，严重地干扰了市场秩序。而不良信息的存在也影响到了青少年的身心健康，有些网站为了所谓的点击量，不息违反最基本的道德底线，无视法律法规的规定，大量的上传各种不良信息。为此，针对新媒体虚假和不良信息泛滥这一严重情况，国家相关部门必须出台更为严厉的法律法规，对这些信息给予沉重的打击，净化新媒体的生态环境，为广大新媒体用户营造健康有序的网络环境。

最后，加强新媒体规制，有利于改变传统的媒体规制理念。在我们固有的媒体规制理念中，监管部门仅仅把媒体当作一个宣传工具，而疏忽了它作为社会公器的特征，在出现某些大的事件时，有关部门只是利用媒体一味的去"堵"而不是"疏"，对于传统媒体而言，这样简单的管理模式可以对媒体进行比较有效的监管，但是新媒体不同于传统媒体，新媒体的出现打破了传统媒体一统天下的格局，使用的便捷性，功能的简单易学，使得信息的发布不再是由专业的新闻媒体所垄断。可以说，新媒体的出现使我们的社会逐步进入了一个"自媒体"的时代，人人都可以是信息的制作者和发布者，在新媒体背景下，网络、手机等媒体不再是政府的宣传工具，它还是民意表达与交流的平台。这样一来，以前的监管模式早已不能适用于新媒体，且监管难度加大。传统媒体时代监管部门面对的监管对象是一个个的整体，而在新媒体时代，监管对象则是一个个个体，其监管难度可想而知，面对这样的情况，监管部门要及时改变对媒体规制的理念，调整监管思路，这样不仅能对新媒体形成有效的监管，同时也为传统媒体的监管注入新的活力。

目前的媒体规制从监管范围上来说，虽然说新媒体是以网络媒体为代表的，但是从现在的发展规模来看，新媒体早已不再仅仅是指网络媒体了，它还包括手机媒体、交互式网络电视等等，这些都是新媒体所要监管的对象，且对这些监管对象的监管还不仅仅局限在对其内容的监管上，更多的还有对其技术层面的监管，毕竟，新媒体是依托于技术手段逐渐发展起来的。而通常的情况都是，在人们慢慢的对一个新技术有了较为全面的了解之后，我们所认为的新技术也正在成为过去时，监管速度永远都赶不上技术更新的速度，这样就大大的增加了监管的难度，同时也在无形中增加了监管的成本。而在这么多的监管对象中，我们的管理者不可能像监管传统媒体或是仅仅监管网络媒体那样，设立一个监管部门就能对其进行较为全面的监管，这些新媒体都有各自擅长的领域，且在某些领域中新媒体之间会有交叉的内容出现，单独的一个监管部门不可能对这些领域做到面面俱到地管理，在面对那些交叉领域的时候，我们又该如何进行监管，这都是在新媒体规制过程中需要仔细考虑的难题。

从监管的难度上来说，新媒体的监管涉及了行政、技术、立法、行业自律等方面，并且这些方面都是环环相扣而组成的一个非常完整的监管体系，我们必须保证在整个新媒体的监管体系中，这些最主要的方面得到均衡的发展，如果在这些方面中有一个出现了问题，那么整个监管体系就会失去最初的监管效果。因此，对新媒体的管理已经不再是简单的监管了，更多的是在通过对新媒体的监管而检验着一个政府整体的管理水平。另外，对新媒体规制的另一个难点就在于，在传统媒体或是网络媒体时代，管理者们面对的监管对象是一个个机构或是组织，而在新媒体非常发达的今天，在人人皆为传播者的时代，管理者面对的已不再是机构或组织这样的单位了，新媒体用户更多的是一个个体，也就是说，新媒体时代的管理者们面对的是一个个单独的人，特别是在手机媒体中，这一特点就更加的鲜明，这也是为什么对手机媒体的管理要比网络媒体更加的困难。而如何对这些人进行监管，同样是摆在管理者面前的一道难题，面对这样的情况，管理者只能利用一整套完善的监管体系，利用行政、立法、技术等多种手段，对这些个体进行间接的管理，而不是像对传统媒体或是单独的网络媒体那样，管理者对其进行直接的管理。

传播技术发展水平使信息传播方式发生的变化，对社会传播环境和传播秩序造成的影响，以及对媒体规制模式和方法提出新的要求，时下国家媒体管理部门、国内外媒体专家和学者都对新媒体规制进行探索，这将有深远的意义和影响。

第二节　国内外媒体规制研究

目前，大多数国家对于新媒体规制采取的方式是行业自律和政府干预两种。我国新媒体规制在行业自律的基础上，较为重视政府干预，这是我国新媒体规制最显著的一个特征。

一、国内媒体规制研究

我国新媒体规制在行业自律的基础上，较为重视政府干预，与我国的发展历史、社会发展水平以及公民的道德观念有较大的关系。目前我国的新媒体技术发展水平与发达国家相比还有一定的差距，针对新媒体规制的法律还有待健全，在法律手段尚处不断发展的阶段，行政手段对新媒体的监管是当前较为有效的监管手段。因此在目前的情况下，我们多采用政府干预的手段来对新媒体进行监管。

关于新媒体规制的学术论文较多，在近几年是一个研究的热门领域。不过在该领域，目前的研究在学界形成博士论文和理论著作的还不多见，比较缺少对其理论的系统研究，对媒体规制理论涉及不多，与之相关的理论散见于新闻传播史、新闻传播法律、媒体行政监管等方面的研究。包括通讯技术或传播技术、新闻传播理论、新闻传播史以及媒体社会学等方面的著作或论述中。

尹鸿（2003）《中国媒介发展趋势初探产业政策分析》提出"目前，媒介最大的冲突就是市场需要和政府管制之间的冲突。中国的媒介处在双轨运行的情势下，一方面它的内容受到政府的监控，另一方面在运作上又必须走市场化的道路。所以，在这种情况下，媒介的创办者往往用政治风险的最小化去换取经济利益的最大化，而这两个目标要达到和谐，也会有很多困难"。①

夏倩芳发表于《新闻与传播评论》的《党管媒体与改善新闻管理体制——一种政策和官方话语分析》一文认为：“党办媒体”和“全党办报”是中国式的新闻管理模式，尽管这种模式在 20 世纪 90 年代出现市场化的改变，但党管媒体的理念却没有动摇过。文章以此为背景，选择选择官方话语和政策为切人点，分析双轨管理结构下，中国新闻体制改革的实际目标和矛盾。不过因撰写本文在搜集资料的过程中，发现关于广电监管的研究成果不少见。其中有中国国际广播电台的温飚在《中国广播》上发表的论文《发达国家广播电视监管体系与机制浅探》，主要分析研究了西方发达国家广电媒体规制的形式和目的，对西方发达国家广电媒体规制体系与体制进行解读和阐释。

对于国内广电媒体规制的研究，学者郭小平、管玲发表于《今传媒》）的论文《2008 年广电新媒体的监管融合发展与社会影响研究述评》，从视听媒体的发展现状及趋势、对社会产生的影响，以及如何与传统媒体进行监管融合等得出"视听媒体的发展与监管仍充满诸多诱惑、迷茫与变数"的结论。同时，分别从学术的研究方法、研究内容、研究视角三方面提出今后视听媒体规制研究方向的建议：采用融合定性和定量的研究方法，如新媒体对受众的心理影响、受众接触与使用新媒体的行为特征等；拓展视听媒体的受众研究和传播效果研究；以网络传播学为基础，拓展视听媒体的媒介生产社会学、新媒体与政治、新媒体管理、新媒体与国家安全、新媒体与社会心理以及媒介新技术批判等跨学科的研究。

对广电媒体规制的研究中，大部分学者的研究成果都涉及监管与改革的问题，不同的视角有不同的观点。其中，鲍金虎的《媒体管制视角中的广电改革》从监管角度分析了广电改革问题。吴瑶、韦妙的《我国广电媒体的政府管制探析——以 2010 年广播电影电视总局颁布的法规为例》，从广电法

① 尹鸿：中国媒介发展趋势初探产业政策分析 [DB/OL][2003-07-15].http://news.xinhuanet.com/newmedia/2003-07/15/content_974398.htm

律法规的视角阐述了我国广电媒体规制方式的变化，作者将这种分为四个时期：1.行政主导控制时期（1958—1978）；2.行政导向的规制探索期（1978—1985）；3.行政导向的规制发展期（1987—1996）；4.市场导向的规制完善期（1997至今）。

与之相似角度探索的还有华中科技大学新闻与信息传播学院教授、博士生导师石长顺及博士生王琰撰写的《广播电视媒体的政府规制与监管》，同样以广电总局颁布的法律法规为背景，探索政府对广电媒体的监管。陈海发表于《新闻大学》的《新兴媒体语境下的内容监管政策与原则》，从中国主管部门颁布的一系列法规出发，并介绍了国际上各有特色的各国监管方式，介绍了国家主管部门对新媒体内容监管的基本态度，介绍了业界对此问题的基本共识。其他学者对这类似的研究也很多，在此不多赘述。

也有论文对媒体规制从政府的角度进行探讨，提倡政府监管的法治化与政府问责制度。徐顽强、杨敏的论文《新媒体信息碎片化对政府监督的危机与转机》提出，新媒体信息碎片化有利于督促政府追求真理、扩大舆论场域、推动公民参与式治理，但是碎片化也带来了碎片信息孤立无援、过度娱乐化、去中心化的困境，要培育公民意识、利用信息技术和加强信息监管来克服碎片化信息对政府监督的阻碍，让权力在阳光下运行。白敏的论文《网络新媒体条件下公众信息传播中的政府责任问题研究》，着重强调了网络新媒体条件下政府在公众信息传播管理中的不适应及其原因分析，和切实履行政府在公众信息传播管理中的责任。

二、国外媒体规制研究

由于各国的政治、经济、文化传统都存在着很大的差异，在互联网的监管上也有着各自鲜明的特征，但有一点却是共同的，即对互联网的监管都是在对传统媒体规制的基础上，针对互联网的特点适当的加以调整，必要的时候颁布新的互联网管理法律或制定新的政策，以适应互联网的发展。

目前在国际社会中比较常用的监管模式有政府主导型模式，以新加坡、德国等为代表；行业自律模式，以美英等国为代表；和政府与行业共同管理模式，该模式主要以法国为典型代表。在管理手段方面。基本都是以立法、技术、行业自律等手段为主。但是由于互联网的发展速度极快，其管理本身就带有一定的难度，单纯的使用某一种手段对其进行监管都不可能很好的达到的。所以各国在这方面采取的都是多种管理手段相互配合，以达到最佳监管效果。

国外学者关于媒体规制的论著主要是德国学者 Wolfgang Hoffmann-

Riem 于 1996 年 出 版 的 *Regulating Media: The Licensing and Supervision of Broadcasting in Six Countries*，对西方六个国家的广播电视监管进行考察和分析。此外还有 Palzer C. Hilger 于 2001 出版的 *Media supervision on the threshold of the 21st century : structure and powers of regulatory authorities in the era of convergence*。因为这两本书的出版时间都较长，不太适应新媒体规制方面。JE Kanz 于 2001 年在《心理学研究与实践》杂志上发表了 *Clinical-supervision. com: Issues in the provision of online supervision*，主要是从心理学角度对网络监督进行考察。还有一些关于媒体规制方面的研究，散见于一些著作的部分章节。

英国学者詹姆斯·卡伦的研究成果《媒体与权力》，分析阐述了西方媒体、当权者、公众三者之间权利的较量和博弈，当中涉及西方尤其是英国历史上的媒体管制。

美国学者罗伯特·W·麦克切斯尼的著作《富媒体穷民主》，研究了关于社会各阶层对媒体资源的争夺以及媒体被控制后的社会现象。其中关于涉及媒体历史的部分章节提起美国以及部分西方媒体发达国家的媒体规制。

新加坡南洋理工大学学者郝晓明集合了新闻传播学界著名学者关于新闻传播社会学领域的研究，其成果见于 2007 年 7 月中国人民大学出版社出版的由鲁曙明、洪浚浩主编的《传播学》一书。

国外关于媒体监督的研究并没我国学者涉及范围广泛，通过谷歌学术进行搜索相关的英文资料，结果多为中国学者相关研究的英文版本，或者是国外机构对中国新闻自由和媒体规制的考察。有些研究的角度是强调媒体监督与传播秩序的关系，如斯里兰卡科伦坡大学大众传播系高级讲师苏加特·马欣达·塞纳拉特（武汉大学新闻传播学院讲师侯晓艳译）的《为建立民主的世界传播秩序而努力》一书所持的研究角度。传播秩序的研究脱胎于近几年来传播技术的发展给使传播环境带来的变化，理论成果散见于一些新闻传播的理论刊物上。媒体规制理论作为新闻传播理论的一个有机组成部分，中外学者对其研究的历史并不长，理论成果也散见于有关新闻传播史的著作中。包括美国新闻史、英国新闻史、中国新闻史和世界其他地区和国家的新闻通史，这些理论研究中，涉及美国《宪法第一修正案》《电信法》《通讯法》等内容较为丰富。

从以上国内外学者对媒体规制的研究中可得出：目前，国内外学界对媒体规制的研究主要从法规政策角度和案例分析层面进行，没有超出前人的新的研究视角。但是正迅速发展的传播技术已经对我国的传播环境和传播秩序产生了深刻的影响，也给传统的媒体带来了挑战。那么，在现有的信息传播环境下，如何创新社会主义媒体规制理论，改革现有的媒体规制方式，已经迫在眉睫。

第三节　媒体规制的制度发展

我国文化产业发展的核心问题是制度创新，归根结底是思维方式的改变和法律的发展。

改革开放以来，市场体制逐步代替了计划体制而成为人们赖以生存的基本产权形态，这就要求文化管理体制必须按照社会主义市场经济的内在要求，从体制设计上理顺文化管理体制中的党委与政府、政府与行业部门、文化行政部门与指数单位之间的关系，分离文化行政部门的"三重角色"。避免市场和政府"双重监管失灵"现象，建议应改变现有监管不清、监管变化频繁和监管零碎的现象。立足于公共文化部门和广电传媒等经营性文化行业的非竞争性与竞争性之间的行业性质差异，进行"行业分类管理"，推动公共文化部门和广电传媒等部门分别按照公共服务方向和产业化方向演进。

广电业的监管必须解决"一放就乱，一管就死"的问题，在所有权方面，建立现代企业制度，从严格的反垄断监管向竞争性监管转变，以市场为导向放松监管；监管策略上，从单一监管一个媒体转向对整个行业的重现监管，增强文化主体的市场活力。

具体来说，需要完善现代企业制度和健全公司法人治理结构，健全文化市场建设，完善相应的法律规范，来完成整个产业监管的发展。

一、加强现代企业制度为核心的制度建设

（一）健全现代企业制度

现代企业制度是市场经济的基础，也是文化企业进入市场体制的"入口"。现代企业制度是"以企业法人制度为基础、以公司制为主体、以企业产权制度为核心"的制度体系，要求"产权明晰、责权明确、政企分开、管理科学"。由于文化单位特别是媒体单位不仅具有产业属性，还具有意识形态属性，健全现代企业制度，实现经济效益的同时，还必须考虑社会效益的约束条件，实现社会效益和经济效益的有机结合。

（二）健全现代公司法人治理结构

对文化企业而言，健全法人治理结构，一是要改变"只换牌子、不换机制"的弊端，健全股东大会、董事会、经理层和监事会的职能，确保政企分

开；二是从政策和制度上保证文化企业主体产权多元化、企业法人化和法人身份的人格化；三是要完善内部管理制度，形成激励与约束相结合的企业经营机制和运行机制。

随着我国《公司法》的不断完善，文化产业的法律规范也日渐完善，现代企业制度和现代法人治理结构已经基本建立起来，并不断进行发展。这为媒体参与市场机制，在现代传媒市场中发挥主观能动性奠定了坚实的基础。

二、以文化产业集团为龙头的市场主体建设

文化企业集团作为现代化企业的高级联合形式，对民族国家文化产业发展有着巨大的推动作用。当今世界的一些经济文化发达国家，无不有一大批规模巨大、实力雄厚的文化公司、文化产业集团作为支撑。

我国大多数文化产业集团是在由计划经济向市场经济转轨的环境下由政府出面组建起来的，因此计划经济的烙印仍然十分明显。在集团运行和管理过程中，起主导作用的是行政力量而不是资本纽带，集团的管理体制和治理结构具有明显的行政化特征。例如，集团内部的连接纽带脆弱，只存在形式上的资本关联，缺乏企业自发的利益驱动；集团管理内部化；集团治理机制虚化，等等。

尽管近几年来主观部门开始探索政企分开、授权经营、建立现代企业制度等深层次问题，资产授权经营问题受到重视，一些集团开始按照现代企业制度改造集团的母子公司，但集团成员间以行政纽带连接的现状并没有根本性改变。

根据我国的相关法律规定那个，集团不是企业法人，而是法人联合体。企业集团实行母子公司体制，母公司与子公司是出资人与被投资企业之间的关系，明确母公司作为子公司的出资人资格，母公司不是子公司的行政管理机构，母子公司之间不存在上下级行政隶属关系。且有集团应进行以建立法人治理结构为核心的现代且有制度建设。

三、完善文化产业立法执法建设

文化体制改革的复杂性使文化立法存在诸多技术上的困难，但另一方面文化立法的滞后又影响到我国文化体制改革的进程。深化文化体制改革，必须加快文化立法，完备文化法律体系。

（一）完备文化产业法律体系建设

加快文化法制建设，必须要全面掌握我国文化法律法规的现状及缺陷，

研究世界贸易组织确定的国际规则，再次基础上结合文化事业产业发展的实际，研究文化立法规律，确立我国文化法律体系的基本内容。

针对互联网电视产业等方面的发展，2004 年 6 月 15 日国家广播电影电视总局局务会议通过了《互联网等信息网络传播视听节目管理办法》，适用于以互联网协议（IP）作为主要技术形态，以计算机、电视机、手机等各类电子设备为接收终端，通过移动通信网、固定通信网、微波通信网、有线电视网、卫星或其他城域网、广域网、局域网等信息网络，从事开办、播放（含点播、转播、直播）、集成、传输、下载视听节目服务等活动。2007 年 12 月国家广播电影电视总局、中华人民共和国信息产业部审议通过了《互联网视听节目服务管理规定》，为后续互联网电视政策奠定了基础。2009 年之后，互联网电视概念风起云涌，《广电总局关于加强互联网视听节目内容管理的通知》《广电总局关于加强以电视机为接收终端的互联网视听节目服务管理有关问题的通知》《互联网电视内容服务管理规范》《互联网电视集成业务管理规范》等规范性文件逐渐出台，对互联网电视的违规情况进行了严格规范，2015 年相关规范上升到法律层面，针对非法互联网电视终端进行严厉查处。2017 年 6 月 1 日，国家新闻出版广电总局印发《关于进一步加强网络视听节目创作播出管理的通知》，强调网络视听节目要坚持与广播电视节目同一标准、同一尺度，把好政治关、价值关、审美关，实行统筹管理，更加注重重大结构的优化，更加注重市场开放和市场监管，更有针对性、有效性地解决媒体产业未来发展的种种问题。

目前我国文化领域多方面的法律都属于空白，大量存在的是政策性规范和行政管理规程。因此文化法律的立法任务还相当艰巨。

宪法是国家的根本大法，在国家政治、经济、社会生活等方面具有极其重大的作用。文化产业是市场经济，市场经济是法治经济，发展文化产业需要完备的法治作保障。宪法在社会主义市场经济法律体系当中居于核心地位，把保护与发展文化产业写进宪法，它为文化产业法律体系的建立提供基本原则和指导思想。

发展文化法律法规有四方面的目标，包括有文化产业发展基本法、行业法律、配套法律，以及相关的配套规章和实施细则。其中，基本法作为文化产业法制体系建设的统领性法律，统领全局。文化产业行业法律，如呼声很高的《电影法》《互联网法》等，当前还有《演出法》《出版法》《新闻法》《图书馆法》《博物馆法》《文化市场管理法》《文化产业促进法》等等。制定《文化产业促进法》配套不同环节的法律法规，要在文化产业发展主体、文化资源开发利用、市场准入制度、文化企业投融资办法、税收优惠政策、文化市场管理办法等方面明确权利义务与具体措施。另外,是地方制定相关规章与实施细则,并制定各地区域性文化产业发展规划,形成完整的文化产业法制体系。

（二）加强文化产业行政执法效率

要确立文化执法的独立法律地位,增强文化执法机构的权威；按照法律规定的操作规则办事,进一步完善文化执法程序,保证文化执法的公正性和严肃性；健全机构、充实队伍、完善培训、考核和监督等有关制度,建立一支高素质的文化执法队伍。开展执法人员培训,提升综合执法能力。文化产业的法律法规众多,从国务院、各部委到省市县各级政府都有相关的法律法规,在面对纷繁复杂的法律制度时文化执法人员必须熟练掌握各种文化规章制度,严格按照法律法规进行执法。可以通过多种形式有针对性地改进执法薄弱环节,增强执法能力,提高执法队伍的整体素质。

此外,要加强执法制度建设,完善执法机制。通过加强制度建设,研究适合地方的文化市场执法制度,对执法行为、处罚流程、执法文书、公开事项、案件立卷归档、处罚案件集体讨论等予以规范,确保执法程序正确、标准统一,不会因执法人员的不同而导致执法效果不一致。同时,对涉及文化市场行政执法的相关法律法规进行认真整理。将主要执法依据进行了认真分类和排序,保证了行政执法有法可依。为提高执法程序建设,有必要引入社会监督机制。法治化是文化市场行政行为产生法律效力的必要条件,在执法的过程中更要引入社会的监督机制,确保执法行为的公正和严肃性。法律监督、舆论监督和群众监督是依法行政有效监督的必要环节,行政执法机构还应该在监督内容和形式上进一步完善。

总之,中国要走出一条具有中国特色的文化产业发展之路,就必须：第一,继续深化文化体制改革,进一步解放文化,加快文化产业发展。对正在进行的文化体制改革,要毫不动摇地坚持下去。这场改革,既要遵循文化艺术发展的自身规律,又要适应社会主义市场经济的运作规律,要严格遵循区别对待、分类指导、循序渐进、逐步推开的原则,要进一步培育市场主体,培育一批文化企业使之逐渐壮大；第二,发挥政府的文化市场服务职能,为文化产业发展服务。做好文化发展的规划、政策、思想等工作；第三,依靠科技进步,以数字化、信息化技术带动文化产业发展；第四,实施"人才强国"战略,这也是文化市场发展长久的基础；第五,大力开拓国际市场,在国际竞争中传递中国文化和中国元素,通过"走出去"增强影响力和提高产业效能,从更宏观的范围进行文化产业布局；第六,加强相应的立法管理,在立法、执法和司法上提供根本的法律保障，为文化产业的发展提供健康的法治环境。

第四节　电视媒体的政府规制内容研究

通过对相关法律法规、政策指令的梳理，笔者发现以下几个方面是我国电视媒体政府规制的重点领域：内容规制、广告规制、市场规制和技术规制。电视媒体是视听媒体的重要组成部分，本节将电视媒体置于整个视听媒体的大视野下，以上诉重点领域为依据，分为四小节展开论述。

一、内容规制：产品、企业和产业三大层面的思考

（一）我国视听媒体内容规制的基本格局与特点

内容产业是视听媒体竞争的核心资源，"内容为王"的时代真正来临。内容产业成型的过程包括商业化、组织化和规模化，形成了内容产品、内容企业和内容产业[①]。因此，我国视听媒体内容规制制度需要推动产品、企业和产业三个层面的发展。从目前与内容规制相关的政策来看，我国视听媒体内容规制制度具有以下特点：

1.内容产品："制度＋技术"规制

传统媒体时代，我国给予媒介双重属性的定位，即产业属性和意识形态属性。这种定性延续到视听媒体领域。因此，政府对包括电视媒体在内的视听媒体内容产品规制非常严格，以实现"可控可管、安全播出"为目标。管控的手段主要有以下几种：

第一，出台系列规章制度，对内容产品生产进行管控。

我国很早就开始规范视听媒体，制度约束主要针对"政治性"和"意识形态"相关的产品，如《关于加强通过信息网络向公众传播广播电影电视类节目管理的通告》（1999）中明令禁止的内容包括：危害国家统一、主权和领土完整的；危害国家安全、荣誉和利益的；煽动民族分裂，破坏民族团结的；泄漏国家秘密的；诽谤、侮辱他人的；宣扬淫秽、迷信或者渲染暴力的；虚假的信息；未经国家广播电影电视总局认定的影视剧；从网络或境外电视上收录下来的境外节目；法律、法规规定禁止的其他内容。涉及具体内容种类，则主要针对新闻类产品，具体表现在对突发事件报道的严格规制和对舆论监督的严格规制。这些规制从传统媒体时代到视听媒体时代，贯穿始终，始终

[①]　赵子忠.内容产业论：数字新媒体的核心 [M].北京：中国传媒大学出版社，2005：126.

非常严格。然而，随着网络和社交新媒体的发展，在此基础上成长的视听媒体越来越具有"参政议政"的属性，如微博的出现，直接导致了"网络问政"现象的出现，对此类内容严格规制提出了挑战。

对于非政治性的内容产品，政府在逐渐放松规制。这些内容产品的类型主要有影视类节目、娱乐节目以及境外广播电视节目。尤其是对境外节目的限制，由禁止到逐渐开放。《互联网视听节目服务管理规定》（2007）中规定，境外节目只需符合国家有关广播电影电视节目的管理规定，即按照《境外电视节目引进、播出管理规定》，经国家审批，依法引进播出。对非政治性内容产品规制的放松，促进了内容产业的发展，为很多学者所赞誉。然而，近年来，也有学者关注到放松规制的负面影响，如复旦大学谢春林博士认为，对非政治性内容规制过松，导致节目低俗化[①]。

综上，对内容产品规制，过严和过松，都会出问题，尺度把握是关键。此外，对于规章制度，学者唐建英指出了另外一个问题，"多是原则性的规定，缺乏具体的执行与判断标准[②]"，也是值得注意的问题。

第二，采用集成播控平台，对视听媒体内容播出进行管控。

集成播控平台，主要利用技术、人员达到对内容的可控、可管。传统的广播电视服务，不论是地面无线电视、有线电视、卫星电视，还是目前的IPTV，都是基于专门的频道、通道，或者封闭的物理网络，或者IP独立的虚拟专用网络，相对容易规制。以IPTV内容监管平台为例，IPTV监管平台按统一接口的全国IPTV监管系统架构。该监管平台在各级IPTV播控平台、分发平台和用户终端，采用数据交换结构、前端主动采集和终端抽查等方式，采集IPTV节目清单、内容码流、媒资信息、用户信息等监管数据，实现对IPTV全程全网的有效监管。该平台架构主要包括三大部分：数据采集和回传，监管数据回传网络，统一监管平台，通过六级采集前端、将信息采集回传到广电总局监管中心，再通过建立IP电视统一的内容监管平台，实现IP电视数据的存储和管理、IP电视节目内容监看、EPG管理与核查、审批信息管理与核查、点播节目合法性鉴别、违法取证、广告监管、监管信息共享等功能，最终达到对IP电视节目源、传输和分发、用户终端的全程监管[③]。而网络视频、互联网电视（OTT）等则基于公网传输，鉴于开放的网络环境，即使采用应用层重叠网络（Overlay Network），在系统和服务的安全性方面，仍然存

① 谢春林.中国电视产业做强做大的路径选择 [D].上海：复旦大学，2006:56.
② 唐建英.博弈与平衡：网络音视频服务的规制研究 [M].北京：中国广播电视出版社，2011：225.
③ 国家广播电影电视总局发展研究中心.中国视听新媒体发展报告（2011）[M].北京：社会科学文献出版社，2011：111.

在较大挑战。

2. 内容企业:"牌照 + 许可证"规制

为视听媒体提供内容的企业,包括传统媒体下的新媒体企业和民营新媒体企业。随着我国文化体制改革的不断深入和加强,视听媒体内容企业受市场因素影响越来越多,虽然与传统媒体内容制作还存在千丝万缕的联系,主体企业化、市场化已成为常态。由此,政府对视听媒体内容企业的规制,从根源上演变为"政府与市场"的博弈。对于"政府与市场"的关系问题,很多经济学家都有关注,大部分所持观点为"市场需要政府规制,但需要有个度"。如赵人伟提出"既不能越位,也不能缺位①"、张维迎提出"市场经济需要政府监管,但对政府监管力量的使用应当尽量地节制,否则便很容易掉进监管的陷阱②"。在此背景下,政府对视听媒体内容企业的规制也在不断调整和变化。目前,对内容企业的规制,除了制度之外,最主要的方式是通过发放牌照和许可证,对内容企业进入市场门槛进行限制。

2004 年 6 月 15 日,国家广电总局下发《互联网等信息网络传播视听节目管理办法》,适用于以互联网协议(IP)作为主要技术形态,以计算机、电视机、手机等各类电子设备为接收终端,通过移动通信网、固定通信网、微波通信网、有线电视网、卫星或其他城域网、广域网、局域网等信息网络,从事开办、播放(含点播、转播、直播)、集成、传输、下载视听节目服务等活动。此办法与视听媒体关系重大,最新数据显示,全国获得国家广电总局颁发的《信息网络传播视听节目许可证》的机构有 594 家③,其中国家、省、市、县级的电台、电视台、报刊单位占据了名额的大多数,少数为民营企业。在此基础上,开办某一类视听媒体,还需要其他许可证共同把关。以 IPTV 为例,在内地,开办 IPTV 业务,一向需要《网上传播视听节目许可证》《网络文化经营许可证》《ICP 证》和《移动增值业务许可证》四证齐全,其中,前两个许可证分别由广电总局和文化部负责颁发,其余两个由信产部颁发。此外,如果需要对节目内容进行修改变动,还必须受到《电影片公映许可证》《电视剧发行许可证》或《电视动画片发行许可证》等其他许可证的约束。

除了许可证之外,国家广电总局还颁发了系列牌照,对各领域的视听媒体内容企业进行限制。笔者根据公开资料整理如下:

---

① 赵人伟,《既不能越位,也不能缺位》,经济观察网,http://www.eeo.com.cn/observer/rwmltt/haidao/wzlb/2009/03/10/131811.shtml

② 张维迎,《监管的陷阱》,经济观察网,http://www.eeo.com.cn/observer/rwmltt/haidao/wzlb/2009/03/03/131104.shtml

③ 国家广播电影电视总局发展研究中心. 中国视听新媒体发展报告》(2011)[M]. 北京:社会科学文献出版社,2011:21.

表7-1　视听媒体牌照方一览表

视听媒体形态	牌照方
IPTV	上海文广、央视国际、南方传媒、中国国际广播电台、杭州华数、江苏电视台、北京华夏安业科技有限公司
手机电视	2.5G时代——上海广播电视台、中央电视台、中央人民广播电台、中国国际广播电台、云南电视台、北京电视台、人民日报社、新华社、中国网、乐视网等 3G时代——中央电视台、中央人民广播电台、中国国际广播电台、上海电视台、杭州广电集团、辽宁广播电视台
互联网电视OTT	中国网络电视台（CNTV）、上海文广新闻传媒集团、浙江电视台和杭州华数、南方传媒、湖南电视台、中国国际广播电台、中央人民电台
网络视频	《信息网络传播视听节目许可证》中规定的594家

通过表7-1可以看出，国家广电总局牌照的发放带有明显的倾斜性。这一点在相关政策中也有体现：2007年12月，《互联网视听节目服务管理规定》（第56号令），"申请从事互联网视听节目服务的，应当为国有独资或国有控股单位"，"在《规定》出台之前依法成立的那些民营视频网站，并且在依法运作的，可以提出申请牌照；在《规定》出台之后，一律不再接受任何民营视频网站的申请"，限制了大批民营企业的发展。

3. 内容产业：政策鼓励

我国对视听媒体内容产业实施鼓励政策，源于对大的数字内容产业的支持。数字内容产业是随着数字化时代进程而产生的一个新兴产业，是一个包含了生产、传输、销售数字内容产品和服务的产业集群。最早提出数字内容产业概念的欧盟把产业内涵明确为：制造、开发、包装和销售信息产品及其服务的产业。中国数字内容产业发展迅速，2012年产业规模已经突破3200亿元，增长率一直保持在两位数[①]。数字内容产业起步晚发展快的现状，与政府政策鼓励是分不开的。

对于数字内容产业，我国各级政府均表现出积极的态度。在国家层面，"十一五"规划纲要中明确提出："鼓励教育、文化、出版、广播影视等领域数字内容产业发展"。中央各相关部委从各自管理角度制定了相应的宏观政策，对数字内容产业的发展予以极大关注：如信息产业部的《信息产业科技发展"十一五"规划和2020年中长期规划纲要》，文化部的《文化建设"十一五"规划》，国家广电总局的《电影数字化发展纲要》等，都从不同角度对数字内容产业发展予以支持。地方政府对数字内容产业发展也积极支持，如上海《关

---

① 王俊井，《提高数字内容产业支撑环境是出路》http://www.cb.com.cn/1634427/20120910/411822.html

于加快推进上海高新技术产业化的实施意见》等文件均对数字内容产业发展予以支持[①]。从 2008 年开始，国家出台的一系列关于文化创意产业扶持政策，都将内容产业作为重点扶持领域，并鼓励兴建文化创意产业园区，为内容企业提供土地、税收方面的支持，取得了一定效果。

同时，为保护视听媒体内容版权，不断加大打击盗版的力度，并修改《信息网络传播权保护条例》《中华人民共和国著作权法实施条例》等法律法规，为进一步规范内容市场提供法律依据。

（二）对我国视听媒体内容规制的思考

美国学者苏思曼综合各国实践将互联网的内容管理分为四大类[②]：一是制定详细的互联网执照颁发规定和管理规定；二是将现有的管理印刷媒体和电子媒体的法律延伸到网络；三是通过控制服务器过滤网络内容；四是对其认为是不可接受的信息进行事后审查并追究责任。通过前文对我国视听媒体内容规制制度的梳理，可以看出上述互联网的内容管理方式基本实现。尽管如此，我国视听媒体内容规制制度在内容产品、企业和产业规制上，仍然存在很大的上升空间。针对目前内容规制制度的一些突出问题，结合国外的规制经验，笔者尝试做如下思考：

1. 内容产品：尝试分级制度，重点规制

视听媒体内容产品的出现，打破了传统媒体时代内容划分标准，因此，如何对视听媒体内容进行更好地规制，成为学者研究的重点。《博弈与平衡：网络音视频服务的规制研究》一书对可能影响网络音视频服务内容规制走向的三个源流——广播电视内容的强规制、互联网内容的轻规制、电影内容的分级管理进行了回顾和总结，认为电影的分级管理制度将会越来越多地影响包括网络音视频服务在内的新媒体服务的规制方式。对此，笔者认为分级管理制度将会起到重要作用，但不仅仅局限于电影的分级管理制度。

电影的分级管理制度主要针对的是"政府规制机构审查通过"又与"性、暴力"等相关的内容，目的是保护未成年人。美国电影分级管理机构将影视作品分为五个级别，如表 7-2：[③]

① 尹达、杨海平，《我国数字内容产业政策法规体系和运行保障机制研究》，http://www.docin.com/p-564037411.html

② 郝振省.中外互联网及手机出版法律制度研究 [M].北京：中国书籍出版社，2008：35.

③ 百度百科，http://baike.baidu.com/view/228385.htm

表 7-2　美国电影分级表

级别划分	级别描述及观看人群要求
G（大众级）	该级别的影片没有裸体、性爱场面，吸毒和暴力场面非常少。对话也是日常生活中可以经常接触到的。所有年龄均可观看。
PG（普通级）	该级别的电影基本没有性爱、吸毒和裸体场面，即使有时间也很短，此外，恐怖和暴力场面不会超出适度的范围。建议父母陪同观看。
PG-13（13 岁以下不宜观看）	该级别的电影没有粗野的持续暴力镜头，一般没有裸体镜头，有时会有吸毒镜头和脏话。13 岁以下儿童尤其要有父母陪同观看，一些内容对儿童很不适宜。
R（限制级）	该级别的影片包含成人内容，里面有较多的性爱、暴力、吸毒等场面和脏话。17 岁以下必须由父母或者监护陪伴才能观看。
NC-17（17 岁以下禁看）	该级别的影片被定为成人影片，未成年人坚决被禁止观看。影片中有清楚的性爱场面，大量的吸毒或暴力镜头以及脏话等。

此外，英国、新加坡、香港等地也有电影分级制度。此项制度对于未成年人保护具有积极作用。因此，也被延伸到互联网内容规制。

国外很多国家对互联网内容实现分级分类管理，并通过提倡自律、设立热线、技术过滤和对父母进行教育等多种方式来尽可能地避免未成年人受到来自互联网的侵害。具体情况如下表[①]：

表 7-3　不同国家网络内容过滤与分级措施表

国家／地区	网络内容过滤与分级措施
美国	对中小学和图书馆的电脑实现联网管理，监控学生在网上接触的不良信息，并安装色情过滤系统，对影响儿童身心发育的网站进行屏蔽
法国	2006 年法国法律增设"互联网服务供应商必须向用户介绍并推荐使用内容过滤软件"的条款
日本	利用网络过滤系统防堵有关犯罪、色情与暴力的网站；研发"聪明晶片"，以防堵青少年与儿童接触不适宜内容
欧盟	安装过滤软件，并采取技术手段处理有害内容，确保用户对信息的选择接受权利
新加坡	公布一些网站名字和需要过滤的关键词，强行要求互联网服务供应商进行封堵
韩国	推行实名制，身份证号码网上认证系统，以纠正网络不良行为，加强对未成年人的保护

电影分级制度向互联网领域的延伸，对建立在网络基础上的视听媒体内容规制提供了借鉴意义。需要注意的一点是，上述层面上的分级制度，主要针对的是违法信息和不良信息，出发点是未成年人保护。对于更大范围的视

---

① 黄春平.西方传媒内容监管机制的历史考察 [M].北京：社会科学文献出版社，2012：202.

听媒体内容规制，必须关注另外一层意义上的分级制度。

日本视听媒体内容规制：统一评价、统一分类、区别对待

《日本的综合信息媒介法制构想》[1]中，将信息通信网络上流通的各种内容，按照是否具有公开性分为两大类：

对于不具有公开性的一类内容，即传统的通信内容，继续对其通信秘密提供最大限度的法律保护；

对于具有公开性的一类内容，又将其分成两类：一类属于广播电视内容或从发展看极有可能归入广播电视服务范畴的各种内容传送服务，将其称为"媒介服务"，对于属于"媒介服务"一类的内容，继续适用广播电视法制的基本框架，设立最低限度的必要规制，同时依靠自律机制，在此基础上确保言论和表达的自由；另一类属于具有公开性但不能归入"媒介服务"的那一类内容，将其称为"开放式媒介内容"。包括卫星电视、互联网上具有经营性质且有一定影响力的影像服务等，对此部分内容，在最大限度地确保其表达自由的同时，为调整表达自由与公共利益之间的权利关系，对有害、违法信息实行必要的限制。

日本国内普遍认为，具有"特别的社会影响力"应当成为对"媒介服务"这一类内容进行法律规制的主要依据。提出了6项评价指标：内容的类型（影像、声音、数据）、服务的品质（包括画面的清晰度）、接收终端的易操作性、视听人数、免费还是付费、媒介对市场的垄断程度。将"媒介服务"分为"特别媒介服务"和"一般媒介服务"，分别实行不同的法律规制。

对于"开放式媒介内容"，将其界定为"特定电信服务"，指以不特定的人接收为目的的电信的发送。对此部分，规制对象限定为两种情况：违法信息和有害信息，并根据两类信息的性质设立不同的规制。

欧盟视听媒体内容规制：内容性质区分，宽严有度监管[2]

2005年欧盟通过《视听媒体业务指令》，将电信、广播、互联网等网络传输内容（如IP电视、互联网广播电视、播客广播、手机电视和移动多媒体广播等各类新兴视听节目服务）分为"线形"和"非线形"业务分开管理。

线形业务指向传统电视、互联网、手机等终端定时按照节目单传送的业务，采用传统广播业务模式管理；

非线形业务指按照用户的定制需求传送的内容，即点播形态的业务，采取宽松监管。

①张志.数字时代的广播电视规制与媒介政策 [M].北京：中央民族大学出版社，2012：216-217.

② 黄春平.西方传媒内容监管机制的历史考察 [M].北京：社会科学文献出版社，2012:247.

具体到欧盟成员国国家内部，对三网融合后的内容业务尤其是一些交叉性业务，它们也习惯于按照内容的性质将其列入广电模式进行监管。以 IPTV 为例，法国、荷兰、比利时、瑞典都视为广播业务，而奥地利则视为内容业务，纳入一般媒体的规制框架，但也有个别国家如丹麦、爱尔兰等目前还没有将其列入广播业务范畴，视为一般的通信传输管理。

美国视听媒体内容规制：按照传输网络分类管理

利用有线电视网络、卫星、广播电视网络传输影视节目，归媒体局管理；利用互联网传输节目进行业务界定：属于有线电视服务的，归媒体局管理；属于信息服务的，则归联邦通信委员会管理。

上述国家对视听媒体内容的分级，给了我们很好的启示。相较于美国和欧盟对视听媒体内容"一分为二"的做法，日本显然划分地更为详细，而且，对于未来出现的视听媒体形态，留有很大的空间。

随着视听媒体的发展，内容呈现碎片化和社区化趋势。短小而聚焦的内容更能适应在社区、手机等个性化媒体中的传播与分享，也利于用户使用搜索、聚合等手段加以筛选。从这一趋势可以看出，用户对内容产品的私人需求在不断增强，产品属性也在从公共产品向私人产品偏离。因此，对内容产品的认识也应该与时俱进。

2. 内容企业：放宽进入，公平竞争

在广电总局"许可证＋牌照"规制下，企业进入视听媒体市场的门槛越来越高。那些传统广电单位或者具有国资背景的企业占据优势。但现实情况是，优酷、土豆、搜狐视频、腾讯视频等大量民营视频网站占据了绝大部分手机视频市场份额，而 9 家牌照持有方的市场占有率却很低。"相关部门虽然颁发了牌照，树立了门槛，但是也在边走边看，并没有严格限制无票上车"。虽然手机牌照方有一定政策优势，但不完全的市场竞争使其在内容丰富性和满足用户需求上存在缺失。不过，相比于优酷、土豆等视频企业的亏损，这 9 家持牌企业多已实现了盈利[①]。然而，对于此处的"盈利"，有一个现象值得关注。

内容产业初步形成的市场竞争中，大部分企业采取与牌照商合作的方式，开展内容方面的运作。以互联网电视牌照商为例，为了实现核心价值，展开了与产业链上下游的合作，如表：7-4[②]

---

① 艾瑞咨询报告 [EB/OL].http://video.iresearch.cn/mobile-tv/20120910/181257.shtml

② 互联网电视：全产业链运营为王 [EB/OL].http://www.gddvb.com/news/show-12035.html

表7-4 内容产业链合作情况一览表

牌照方	上游内容（应用合作方）	下游硬件合作方	相关产品
CNTV	乐视网 PPTV、网尚、华数、中录国际等 腾讯	易视腾	乐视 TV 易视宝
百事通	华谊、淘宝、土豆、新浪等	迈乐数码、杰科电子、SVA 上广电、创维、海尔等	小红
华数	淘宝、盛大游戏、盛大阅读、百度、PPTV、乐视等	TCL、长虹、海信、索尼、LG、海尔、创维等	精伦云影音

如此众多的合作，使得牌照商凭借"牌照"占尽了商机。如果没有"牌照"，其"盈利"的能力和实力，值得推敲。而与之合作的企业，大部分是民营企业。内容产业要持续健康地发展，需要一个"公平、公正、竞争、有序"的市场环境，在市场中，不应该有"国有"和"民营"的身份之别。

因此，笔者认为，视听媒体内容企业市场进入应该放宽限制，加拿大1999年颁布了《新媒体豁免令》，将"新媒体"的定义界定为"利用因特网传播广播电视的媒体"，并规定利用因特网传播广播电视可以不用申请许可证。对于内容企业出现的问题：如内容产品问题、数据挖掘与用户隐私保护问题等，则通过立法的手段或是建立内容规制机构来解决。内容企业规制应该以能够为内容产业的参与者提供一个统一的经营规则，进一步保证合理、公平的竞争，从而形成平等的交易模式为最终目的。

3. 内容产业：产业政策＋完善立法

从国家视角来看，各个国家基于不同的发展背景，其产业政策主要分为三种类型[①]：

第一种，以日本为代表，以结构政策和组织政策为主要内容，具有明确的结构目标和企业竞争力目标。日本政府对内容产业采取了积极的认可态度。经产省成立了内容产业科，通过政府制定的产业政策，扶持和推动内容产业的发展。

第二种以欧洲国家为代表，以公共空间和精英文化为主要内容，以公共利益为主要目标。欧洲最早提出了"文化工业"的批判理论，随着产业的国际化，"文化例外"又成为重要的观点，其核心是保护本国的文化传统。

第三种以美国为代表，以补救性政策为主要内容，以产业自我调节机制为主要目标。在产业政策上，美国通过对市场竞争的保护、对知识产权的保

---

① 赵子忠.内容产业论：数字新媒体的核心[M].北京：中国传媒大学出版社，2005：134.

护以及对超大市场的推广，来保证内容产业的发展。

上述三种模式各有利弊。目前，我国内容产业政策的现实状况比较偏向日本模式；面对国外强大的内容产业规模，我国内容产业又急需欧洲式的保护政策；而美国模式则是我国内容产业市场发展的理想模式。

问题是我国政府虽然认识到了内容产业的重要性，从产业政策上予以支持和鼓励。但内容产业发展更多需要产业政策的推动，甚至依赖产业政策。也就是说，政府在内容产业的发展过程中，地位举足轻重，而不是市场。从组织角度来说，我国也没有单独成立内容产业的管理机构，因此对产业政策的合理性、持续性、有效性，造成了挑战。

此外，内容产业的长期发展，最终还要不断完善立法。"如果说，在过去十年间，报刊、广播、电视等传统媒体从严格规制走向减少、放松和解除规制的状态的话，那么网络媒体的法律和规范环境的发展则恰好经历了一个相反的过程，正在从无规制的放任状态日益走向加强管理的有序状态[①]"。这种有序状态的形成，很大程度上依赖于法律环境的完善。

对于内容产业立法，各国基本上都依靠现有的传统法规。虽然有些国家开始专注于互联网、新媒体方面的立法，但是针对内容产业的专门立法，还相对较少。

我国关于内容产业的相关法律法规，大多在文化产业和信息产业政策中有所体现。2000年十五届五中全会正式建议"完善文化产业政策"之后，我国制定了系列文化产业相关政策。影响比较大的是《文化产业振兴规划》，于2009年7月讨论通过（具体内容后面阐述）。在信息产业中，2009年4月，《电子信息产业调整和振兴规划》提出，"推进视听产业数字化转型。支持彩电企业与芯片设计、显示模组企业的纵向整合，促进整机企业的强强联合，加大创新投入，提高国际竞争力。加快4C（计算机、通信、消费电子、内容）融合，促进数字家庭产品和新型消费电子产品大发展。推进体制机制创新，加快模拟电视向数字电视过渡，推动全国有线、地面、卫星互为补充的数字化广播电视网络建设，丰富数字节目资源，推动高清节目播出，促进数字电视普及，带动数字演播室设备、发射设备、卫星接收设备的升级换代，加快电影数字化进程，实现视听产业链的整体升级"。2012年7月，《国务院关于大力推进信息化发展和切实保障信息安全的若干意见》中，明确提出了要壮大内容产业。

反观国外，日本在2004年6月正式公布《内容产业促进法》，《文化产业振兴规划》和《内容产业促进法》的文本结构如下：

---

① 郝振省.中外互联网及手机出版法律制度研究[M].北京：中国书籍出版社，2008：34.

表 7-5 我国《文化产业振兴规划》的文本结构

一	重要性和紧迫性	为"保增长、扩内需、调机构、促改革、惠民生"做出贡献
二	指导思想 原则和目标	完善市场主体、优化产业结构、提升创新能力、完善市场体系、扩大出口
三	重点任务（8项）	发展重点文化产业；实施重大项目带动战略；培育骨干文化企业；加快文化产业园区和基地建设；扩大文化消费；建设现代文化市场体系；发展新兴文化业态；扩大对外文化贸易
四	政策措施（5项）	降低准入门槛；加大政府投入；落实税收政策；加大金融支持；设立中国文化产业投资基金
五	保障条件（4项）	加强组织领导；深化文化体制改革；培养文化产业人才；加强立法工作

表 7-6 日本《内容产业促进法》的文本结构

第一章	总则 （1—8 条）	目的；内容的定义；基本理念；国家的职责；地方公共团体的职责；内容制作人士的职责；合作的强化（国家、地方、个人）；法律上的措施（制度、财政、金融）
第二章	基本措施 （9—16 条）	培育人才；推进先进技术的研究开发；适当保护与内容关联的知识产权；促进流通；促进保存；消除活用机会等方面的差别；实现个性丰富的地域社会；增进国民的理解与关心
第三章	必要措施 （17—22 条）	构建多渠道的资金筹措制度；防止权力侵害；促进事业的海外展开；构筑公平的交易关系；照顾中小企业的消费者；内容事业者需谋求的措施
第四章	行政机关的措施 （23—27 条）	相关行政机关等的密切合作；文化产品素材的提供；国家委托知识财产权的处理；与本部的沟通；对推进计划的反映
附则	（27—29）条	法律实施日期等

通过上述两个文本结构，可以看出两个国家的政府同样介入内容产业的行为有所不同：《文化产业振兴规划》更多地用"加快""加大""扩大""加强""深化"等词汇；而《内容产业促进法》更多使用"推进""促进""保护""合作"等词汇。前文笔者提到，我国内容产业发展过度依赖政府政策，这与政府的行为有很大关系。尽管国情不同，但日本的《内容产业促进法》，为我国内容产业立法的完善，提供了良好的借鉴。

（三）我国视听媒体内容规制亟需关注的两大问题：版权危机＋创新危机

在视听媒体行业快速发展的背后，内容产业的发展也出现了一些问题，这些问题成为视听媒体发展的绊脚石。其中，最为典型和迫切需要解决的当属版权和内容创新问题。

首先，版权方面存在两个致命的问题，一是盗版打击力度不断加强，二是版权价格的飙升。以网络视频为例，我国视频网站一直遭遇全面的"版权危机"，几乎所有的视频网站都卷入过版权诉讼的风波中。在大部分已审结的案件里，如土豆诉讼案，视频网站多以败诉结局。尽管如此，很多视频网站仍然依赖于盗版，然而盗版对视频网站的危害是长期而巨大的，无异于饮鸩止渴。近两年，随着政策的限制和广告商的抵制，盗版现象越来越少。很多视频网站借鉴国外 Hulu 的正版模式，如百度奇艺等，取得了良好效果。与此同时，另外一个问题接踵而来，就是版权费的飙升。随着版权之争的不断升级，电视剧的购买价格频频出现"天价"数字，不断刷新行业纪录。

其次，就目前视听媒体的内容而言，已经暴露出严重的创新危机。具体表现在三个方面：一是频道设置雷同，缺乏特色。集中表现在不同媒体平台之间大量视频内容重复，互相拷贝，互相抄袭。不仅使得内容的有效利用率低，沉没资源比例高，更重要的是恶化了受众的使用体验，浪费了用户的时间、精力投入，给媒体造成难以弥补的品牌损失。第二，不良节目和低值节目缺乏把关。这主要针对用户上传的视频由于可信度、隐私、版权等问题增大了审查难度，题材质量的粗糙乏味也使得部分内容有量无质，缺乏精品。第三，原创优质内容资源的匮乏。目前视听媒体上的优质原创节目较少，自身策划的专题视频节目更少，单靠常规的"转播"方式难以形成传播热点，只有拥有吸引受众的特色频道、特色节目、高品质的网友原创作品，同时开发出适合视听媒体播出的网络电影、电视剧和其他增值服务，才能提高视听媒体的知名度，建立品牌。

二、广告规制：面临多重挑战

（一）我国视听媒体广告规制的基本格局和特点

目前，我国视听媒体广告规制没有专门的法规，从现有广告规制制度来看，主要来源有三大类：

一是全面指导类法规，《中华人民共和国广告法》（1994，以下简称《广告法》）是广告行业的专业法规，全面指导和监督广告行业的发展；此外，广告行业的跨行业属性特征，决定了还要受到其他相关行业的管理法规；同时，与消费者近距离接触的广告，还要特别遵守《消费者权益保护法》。

二是对特殊产品广告的管理办法，如《药品广告管理办法》（1992）、《食品广告管理办法》（1993）、《化妆品广告管理办法》（1993）、《农药广告管理审查办法》（1995）、《兽药广告管理审查标准》（1995）、《烟草广告管理暂行办法》（1996）、《酒类广告管理办法》（1996）、《印刷品广告管理办法》（2000）、《医疗广告管理办法》（2007）等特殊行业，这些行业的产品与消费者关系重大，因此行业广告也有特别规定。

三是与广告媒体相关的法律法规，这些法规有全国性的，如《广播电视管理条例》（1997）、《印刷品广告管理办法》（2000）、《互联网信息服务管理办法》（2000）等对广告播出的相关规定；也有地方性的，如《北京市网络广告管理暂行办法》（2001），尤其是户外类广告更多地涉及地方性的法律法规。

上述三大类基本构成了我国广告规制制度的基本格局，主要涉及国家工商总局和国家广电总局两大机构负责广告的播出和监管。

（二）我国视听媒体广告规制面临的两大挑战

1. 传统广告规制问题在视听媒体领域的延续和扩大

现行《广告法》（1994 年制定）自实施以来，出现了系列问题，这些原有的问题，在视听媒体发展以后进一步延续。

其一，广告规制机构职责不明确，执法不严

《广告法》总则第六条明确规定："县级以上人民政府工商行政管理部门是广告监督管理机关。"但在整部广告法里，却对工商行政管理部门的职责与权限未做任何说明。由此可能导致两种情形[①]：第一，广告监督管理机关手中的权力过大，什么都可以管，到处都可以插手，如处理不当，结果只能是滥用权力，干扰广告行业内部的正常运行，阻碍广告业的健康发展；第二，由于广告法未对广告监督管理机关的职责和权力进行具体的认定和说明，当遇到一些棘手、微妙的广告违法、违规事件时，某些职能部门可能出于各种考虑互相推诿，甚至置之不理，任由违法、违规广告继续泛滥，造成负面社会影响。这也是学者所关注的"利益寻租"问题的根源所在。

其二，广告法内容本身存在的问题

我国广告法自身也存在很多问题，为广告法的执行带来了很多困难。主要表现在以下方面：1）内容过于笼统概括，执行力差。如《广告法》第三条"广告应当真实、合法，符合社会主义精神文明建设的要求"、第四条"广告不得含有虚假的内容，不得欺骗和误导消费者"，多是宏观而非具体的表述，给法律执行带来了困难。而美国联邦贸易委员会将不法商业广告予以规格化，划分为九类：不实及欺诈广告，不正当广告、吹嘘广告、诱饵广告及虚假不

---

① 阮卫，《美国广告法规对我国＜广告法＞修订的启示》，http://www.studa.net/xinwen/100119/15051581-2.html

实的推荐或证言广告、保证广告、电视模型试验广告、香烟广告和信用消费广告等，则表述相对具体，给我们提供了很好的借鉴。2）内容的滞后性。这一点表现比较突出，媒体的发展，导致广告主、广告经营者、广告发布者的内涵和外延发生了变化，同时，彼此出现了身份的交叉，如何界定？《广告法》第十八条"禁止利用广播、电影、电视、报纸、期刊发布烟草广告"。那么新媒体呢，禁止还是允许？需要《广告法》进行明示。3）内容过严。管理法规太严，容易导致法规失效，而一旦约束去除，那么违规行为便没有底线。涉及到具体行业，如保健品行业，《广告法》规定保健品只能说政府规定的功效，当市场中成千上万的保健品出现，而政府规定的功效只有 27 条，不能满足其差异化竞争的需求，也会导致企业违法行为的发生[①]。

其三，突出问题的存在

就一些比较突出的问题，早就引起学者的广泛讨论。这些问题集中于广告中其他参与者的连带责任、白酒广告、比较性广告、虚假广告、特殊产品或服务广告（医疗器械、烟和酒、投资回报的产品和服务、新媒体广告发展监管等）问题比较突出。以白酒电视广告为例，1996 年的《酒类广告管理办法》规定，电视节目每套每天 19 点到 21 点黄金时段，播放的白酒广告不得超过 2 条。报纸，期刊每期的广告不得超过 2 条，不得是头条。然而，自央视招标以来，白酒电视广告投放额一直居高不下，早已超过了规定。由于利益的存在，《广告法》的执行难上加难。

2. 视听媒体广告规制出现的新问题

其一，视听媒体广告的性质难以确定。

我国《广告法》第 2 条规定："本法所称广告，是指商品经营者或者服务提供者承担费用，通过一定媒介和形式直接或间接地介绍自己所推销的商品或者所提供的服务的商业广告。"可见，认定某一信息发布行为是否属于广告行为，一是看传播主体。传统媒体广告中的"商品经营者或者服务提供者"比较容易辨认，而视听媒体当中，用户也可以进行广告信息的发布，比如名人微博发布的一些产品信息，就比较难界定是否属于广告；其次，就要看其是否符合广告行为的特征。传统意义上的广告总是以固定的形式、时间或版面发布，广告管理机构以及消费者容易认识。而视听媒体上，出现了很多与传统广告形式不同的广告，但也具有介绍或推销商品和服务功能。有学者将其称为"与内容结合的广告"[②]：广告与内容的结合可以说是赞助式广告的一种，从表面上看起来它们更像网页上的内容而并非广告。在传统的印刷媒体

① 郑也夫 . 消费的秘密 [M]. 上海：上海人民出版社，2007:78.
② 王军 . 网络传播法律问题研究 [M]. 北京：群众出版社，2006：269.

上，这类广告都会有明显的表示，指出是广告，在网页上通常没有清楚的界限。同时，一些微电影，有的俨然成了"长广告"，可是，对此界定又不是很清楚，出现了广告融入了内容、内容融入了广告的现象，使得视听媒体广告的性质难以确定。

其二，视听媒体广告的管辖范围难以确定。

视听媒体的载体是网络。网络的超国界、无地域性给法律的适用范围带来了很大的难题，尤其是对网络视频的管辖。网络视频广告面向全球市场，那么，首先遇到的问题就是各国法律的冲突。此地的法律与彼地的法律对网络广告的态度可能不尽相同，甚至完全相反，在一国合法的网络广告在另一国可能非法。那么在不同国家因网络广告纠纷提起的诉讼可能判决结果完全相反。执行问题上，即便一国法院判决国外一方败诉，但是往往无法执行，其也可能在其所在国同样提起诉讼①。因此，网络视频广告无论从立案管辖还是从法律的执行上，都遇到了国际问题，需要国家间的协作来完成。涉及到我国，则需要尽快完善《广告法》，如一直存在的辱华广告问题，应该如何认定、如何处理，为保护我国广告行业的健康发展提供法律依据。

其三，视听媒体广告带动的新形式、新内容与新问题。

视听媒体的出现，带动了大批新型广告形式的出现。这些新型广告形式丰富了广告产品的形态，为广告创收提供了更多的途径。然而，有的广告形式也不断惹非议。2013 年两会期间，国政协委员言恭达将网页弹出式广告喻为网络"毒瘤"，指出弹出式广告不仅"被阅读"，而且还夹杂着很多低俗、不健康内容，有的虽然是一些新闻、娱乐、体育等项目，但也可链接到一些内容不健康的网站。由于它的"弹出"是随机的，没有任何选择，因此对未成年人危害极大。对此，我们发现，虽然弹出式广告不受欢迎，但是真正惹怒人们的则是广告内容。因此，视听媒体广告内容监管问题需引起关注。

与此同时，出现的一个新的问题是，微博为代表的社交媒体上的信息，国外 Twitter 还没有建立信息管理机制，不存在把关人对信息发布进行管理，信息的发布取决于用户的自律。国内的微博则有专门的团队负责管理已发布的不和谐的信息，但同样不存在把关人机制对用户的信息发布进行审查。后期内容排查的机制对于自生巨大信息量的微博管理较为吃力，很难做到有效管理微博信息内容。后期排查即使删除原内容，对评论也没有办法。

其四，数据挖掘与个人隐私保护之间的矛盾。

视听媒体按照商业模式运作，势必会以追求经济效益为目标。为了更好地进行媒体推介，特别会注重媒体价值的评估。因为，数据挖掘在媒体价值

① 王军.网络传播法律问题研究 [M].北京：群众出版社，2006：271.

评估的过程中，具有非常重要的作用。"大数据"本身一直为业界、学界所关注，所以，数据库是视听媒体商业化运作过充中非常重要的资源。早在 1998年，Ann Cavoukian 发表了一篇题为《数据挖掘：以破坏隐私为代价》的报告，引起了很大的轰动。该报告剖析了数据挖掘和隐私的关系，指出数据挖掘可能是个人隐私提倡者未来 10 年所要面对的"最根本的挑战"[①]。视听媒体的发展，证实了这个预言的真实性。相较于传统媒体，视听媒体更加注重受众调查在广告运作中的重要作用。主要体现在以下几个方面[②]：1）了解受众的媒介接触习惯，合理安排广告发布时间；2）了解媒介的传播效果和效益，合理选择广告媒介；3）评价广告费用的效益。其实，笔者认为受众调查的目的是分析消费者需求与消费习惯，与个人隐私并不是直接冲突的。然而，由于网络技术的发展，对消费者数据抓取越来越详细，有的甚至涉及到消费者的身份证号、住址、银行卡号等，使得个人隐私保护的意识增强了。

美国国会 1974 年《个人隐私法》规定，信息关系人对个人信息传播有控制权，公民个人有权决定在何种程度上公开自己的个人信息，未经许可的披露、公开、使用都构成对公民隐私权的侵犯。英国 1984 年《数据保护法》第5 条规定：只有经过登记被批准为数据使用人之后，该人才有权利使用个人数据。虽然这部法律颁发的时候还没有数据挖掘，但是却为后来的数据挖掘中的隐私权保护提供了法律依据。

截至目前，我国《广告法》中，对消费者隐私保护内容缺失，对隐私权的保护，散见于一些法律、法规、规章中。这样所带来的结果是法律保护隐私权的实际效力减少，隐私权寻求法律保障的实际可诉性、可操作性降低，不利于受害者请求法律救助。也不利于化解数据挖掘与个人隐私保护之间的矛盾。

（三）对我国视听媒体广告规制的思考

对于视听媒体广告的规制制度，目前还没有全国层面的针对性的法律法规。国家工商总局对视听媒体广告的监管，更多地体现在专项整治活动的开展。如 2008 年全国各级工商行政管理机关开展的网上非法"性药品"广告和性病治疗广告治理整顿工作；2013 年 3 月国家工商总局等 13 部门日前联合发布《2013 年虚假违法广告专项整治工作实施意见》，意见指出，严格监管电视购物广告，严厉查处以新闻报道形式和健康资讯节（栏）目变相发布广告的行为。继续加大都市类报纸、省级电视台卫视频道以及地（市）以下报纸、

① 薄琥．媒介社区化聚合 [D]．北京：中国传媒大学，2010：141-146.

② 丁俊杰，康瑾．现代广告通论 [M]．2 版．北京：中国传媒大学出版社，2001：239.

广播电台、电视台广告发布情况的监测检查力度，加强大型门户网站、视频类网站、网络交易平台、搜索类网站及医药类网站的广告监管监控，及时查处虚假违法广告；2013年4月1日至6月30日在全国范围内开展打击"傍名牌"专项执法行动，等等。这些整治活动的开展，对于净化视听媒体广告环境起到一定作用。然而，最为关键的，笔者认为还是要加快对《广告法》的修改。

自《广告法》实施以来，2000年全国人大代表提案建议修改《广告法》，直到2009年，国家工商总局才开始组织《广告法》修订草案，截至目前，国务院还没有正式通知，《广告法》的修订迟迟不动，使得上述种种问题得不到根本解决。因此，各方力量还需要多多关注《广告法》的修订工作，最终使得《广告法》对视听媒体广告起到监管的作用。《广告法》的修改并不是独立的，而是一个系统工程。要充分考虑到企业、消费者、政府、媒体各个部分所扮演的角色，以及各个角色之间复杂的互动。这样制定出的《广告法》，才会在执法过程中，以"法规"为中心，而不是"利益"。同时，要明确一个概念，《广告法》的修订，不仅是为了更好地监管广告行业，也要促进整个行业发展，尤其是具有前景的视听媒体广告。

三、市场规制：交叉准入和资本准入是关键

视听媒体市场规制制度，主要包括三个方面：一是市场进入制度（我国采用许可证制度和牌照制度，前文已述），二是市场交叉准入制度，三是市场资本准入制度。在此着重探讨后两个方面。

（一）市场交叉准入：面临政策破冰

市场交叉准入与三网融合的进程息息相关。关于三网融合的研究成果，前文在文献综述中已经有所提及。具体的市场交叉准入制度的制定需关注两个现象：

一是行业间的交叉准入。世界各国推进三网融合规制政策的基本路径包括：一是运行电信与有线电视业务的双向进入；二是承载与内容规制分离；三是电信与广电实现统一和独立监管。对照这个路径，我国基本上还处于初级起步阶段。尤其是业务的双向进入，在执行过程中更是困难重重。这个问题是典型的传统媒体分业规制的遗留问题，基于部门利益、行业利益，广电和电信博弈多年，致使三网融合进程十分缓慢。

这个问题从国家层面来讲，政策取向已经十分明显。2010年1月13日，国务院常务会议释放加快推进"三网融合"的信号——从2010年开始试点广

电和电信业务的双向进入，2013 年至 2015 年全面实现"三网融合"。相比以往关于双向进入的政策，新政策是一个历史性的突破，文件突破性地提出了阶段性目标：2010 年至 2012 年，重点开展广电和电信业务双向进入试点；2013 年至 2015 年，全面实现"三网融合"发展，并建立新的体制、机制和新型监管体系。按照先易后难、试点先行的原则，选择有条件的地区开展双向进入试点。符合条件的广电企业可以经营增值电信业务和部分基础电信和互联网业务，电信企业可以从事部分广播电视节目生产制作和传输。鉴于广电相对较为弱势，在系列三网融合方案中，政策表现了明显的非对称性。

在微观领域，电信在业务进入范围上没有大的突破，能进入的领域基本没有超出目前上海等地的试验范围，并不能改变目前依靠广电、并与广电合作开展视频业务的格局，换言之，仍不具备内容播控权。相反，广电想要进入的业务领域基本都被允许，不过，国际互联网出口广电未能得到[1]。针对这种情况，目前广电和电信仍然各自为政，为各自的利益着想，广电总局积极促成国家有线电视网络公司整合，电信试图突破壁垒，自建内容通道，并寻求与更多电视台的直接合作。当三网融合试点一段时间并且进入僵局之际，双方谋求的是，绕开政策壁垒，不再资源共享，不依赖对方，各自建一张自给自足的电话、互联网、电视业务融合的网络。因此，有专家学者表现出了"三网融合面临夭折的风险"的担忧。

鉴于此种情况，有学者提出的完善广电和电信业务双向进入的规制政策，形成适度竞争的网络产业格局[2]，还需政策进一步的推动。未来"三网融合"的大势不可阻挡，部门利益终将为此让路。

二是视听媒体产业链上游、中游、下游企业从自身优势出发，围绕内容生产、平台服务、用户服务等产业功能而形成的产业链扩张。虽然我国已进入数字融合时代，但是传统媒体时代所彰显的"垄断"特性，在视听媒体产业当中仍然比较明显。以网络视频为例，具有广电背景的"网络电视台"，凭借"母体资源"和政策优势，对最先发展起来的视频网站和一些民营背景的互联网公司造成了不公平的竞争环境。因此，国家规制机构制定政策必须以"市场的公平竞争秩序"为目的，哪些领域能进入，哪些领域不能进入，需要什么资格条件，等等，应该明确公示，而且不应该以"国有"或者"民营"为限制。

（二）市场资本准入：政策需明朗

投资是拉动经济增长的三驾马车之一，对经济发展具有健康的可持续

---

① 《广电、电信各建一张网，变调的三网融合》，http://www.sarft.net/a/29559.aspx
② 刘澄、顾强、郑世林，《基于"三网融合"背景的我国电信及广电规制政策研究》，中国知网，2012

的作用。近年来我国经济发展的经验表明，经济的增长越来越依赖于资本的拉动。

随着文化产业体制改革的不断深入，我国在传媒产业方面对资本的政策正在逐步放宽。自 2003 年 12 月 30 日，广电总局下发《关于促进广播影视产业发展的意见》之后，国家有关部门相继下发了《广播电视节目制作经营管理规定》《中外合资、合作广播电视节目制作经营企业管理暂行规定》《关于深化文化体制改革的若干意见》《鼓励、支持、引导非公有制企业发展文化产业的意见》和《国务院关于非公有资本进入文化产业的若干决定》，鼓励民营资本、社会资本以及外国资本进入影视制作行业。可以说，我国传媒行业尤其是节目制作部分，国家规制由最初的向广电系统内部开放到向国有资本开放，再到向民营和社会资本开放，最终向外资开放，一系列的变化表现了传媒产业的逐步开放。

不过对于外资的政策，在开放中也有所迂回和调整。《中外合资、合作广播电视节目制作经营企业管理暂行规定》正式实施，外资首次被允许入股国内广播电视制作产业。规定指出：中外合资、合作广播电视节目制作经营企业，是指境外专业广播电视企业（以下简称"外方"）与中国广播电视节目制作机构和境内其他投资者（以下简称"中方"）在中国境内合资、合作设立专门从事或兼营广播电视节目制作发行业务的企业（以下简称"合营企业"），合营企业中的中方一家机构应在合营企业中拥有不低于 51% 的股份。此规定的出台，再次放宽了外资进入我国传媒市场的门槛，即合资、合作的对象从国有电视节目制作单位扩展到中国广播电视节目。之后，广电总局发出"关于实施《中外合资、合作广播电视节目制作经营企业管理暂行规定》44 号令有关事宜的通知"，其中就指明，外资机构可以在中国合资开设一家影视节目制作公司，但他们不能参与境内电台、电视台的经营业务。2009 年 2 月，广电总局再次以不适应当前广播影视发展要求，对《中外合资、合作广播电视节目制作经营企业管理暂行规定》予以废止。

然而，产业现实中，尤其是网络视频行业，本身就是在市场竞争环境中发展起来的，一些视频网站都有私人资本、外资的背景，尤其是近年来一大批网站上市，正是他们推动了整个行业的发展。视听媒体是新兴产业，需要大量的资金，然而目前由于受到市场资本准入制度的限制，我国视听媒体产业资金链整体投入较少，阻碍了产业化进程。

鉴于此，笔者认为我国视听媒体的市场资本制度需要进一步放宽。针对不同资本的性质，采取不同程度地规制：

对于国有独资或国有控股单位，继续鼓励不同主体间的相互投资与合作；

对于民间资本，进一步引入的同时，继续放宽业务领域，在投融资、税收、土地使用等方面实行改革，帮助民间资本解决进入各个产业中遇到的矛盾和困难；

对于外资，也要充分利用，可逐步进行放宽。明确其可进入的领域，加强国际间的交流与合作。同时把好内容关，保障国家文化信息安全。

与此同时，在资本准入政策放开的同时，也需要进一步将政策细化。哪些领域是可以进入的，而哪些领域是不能进入的，需有明确说明。如 2012 年6 月份工信部出台《关于鼓励和引导民间资本进一步进入电信业的实施意见》，提出了激励民间资本进一步进入电信业的八个领域，包括鼓励民间资本开展移动通信转售业务的试点；鼓励民间资本开展接入网业务的试点和用户驻地网业务；鼓励民间资本开展网络托管业务；鼓励民间资本开展增值电信业务；鼓励民间资本参与基站机房、通信塔等基础设施的投资；鼓励民间资本以参股的方式进入基础电信运营市场等。具体而明确的政策，会更加吸引不同性质资本的关注。

四、技术规制：鼓励发展与利用新技术规制二元驱动

电视是视听媒体的重要组成部分，网络电视等新产品的出现，让我们必须从新媒体的角度去审视规制的方式和内容。视听媒体是典型的技术交叉与融合的产物，是新技术的推动者与受益者，从业务流程来看，视听媒体的节目制作、存储、发布、传送、接收和显示等各个环节都与技术有关，因此政府机构对于技术设备的规制非常重视。

根据约翰·帕夫利克的总结，将新媒体技术分为如下四类[①]：

其一，采集、处理和制作的技术，主要集中于两个领域：一是信息处理器，主要是指计算机和相关技术；二是用于收集和制作内容的设备，比如数字摄影、数字水印、全方位摄像机、遥感和语音设备等。

其二，传输技术主要包括 4 种类型：空中播送，包括广播电视、卫星和无线通信以及其他使用电磁频谱的技术；全交换电子通信网络，包括双绞线、光缆、先进智能网络、综合业务服务网等；使用单向头尾系统或文件服务器的同轴电缆和光纤有线网络等；电力线。

其三，存储技术，主要基于电磁学和光学，包括电磁格式的随机存储器和只读存储器，以及不断提高的光盘存储介质等。

其四，接受和显示技术通常是合成在一起的，是以计算机技术为基础，具有有线和无线通信接受能力，包括多种设备，如个人数字装置、手机、

---

① 姜进章.新媒体管理 [M].上海：上海交通大学出版社，2012：133.

PDA、平板显示器、高清晰电视以及交互电视等。

上述这些技术造成了媒介的多元化融合和内容的信息化，给视听媒体带来了根本性变化。目前，国家对视听媒体的技术规制主要表现在两个方面：一是鼓励上述技术的发展；一是利用先进的技术对视听媒体节目进行监控。

（一）技术发展方面：国家宽带战略 + 技术资本引进

首先，在鼓励技术发展方面，不断推进"国家宽带战略"的同时，也在试图进行技术标准工作的统一。一个国家要从工业社会向信息社会转型，在规律上一定要符合移动化，然后是宽带化、全 IP 化，最后是融合化的逻辑顺序，人均宽带和人均信息的占有量已经成为衡量国家经济实力的核心指标之一。基于此，无论大小国、无论经济发达程度，全球包括欧美发达国家、亚洲韩日新加坡及非洲部分国家等 100 个国家纷纷推行"国家宽带战略"或行动计划[①]。我国也不例外。早在 2005 年，国务院关于发布实施《促进产业结构调整暂行规定》的决定，"优先发展信息产业，大力发展集成电路、软件等核心产业，重点培育数字化音视频、新一代移动通信、高性能计算机及网络设备等信息产业群，加强信息资源开发和共享，推进信息技术的普及和应用"；2012 年 7 月，《国务院关于印发"十二五"国家战略性新兴产业发展规划的通知》，重点发展产业：新一代信息技术产业。建立信息基础设施建设组织领导协调机制，制定支持宽带光纤、移动通信和数字电视建设相关政策，建立和完善电信普遍服务制度；与此同时，《国务院关于大力推进信息化发展和切实保障信息安全的若干意见》，决定实施"宽带中国"工程，构建下一代信息基础设施。工信部部长苗圩透露，工信部将推动实施"宽带中国"战略，争取国家政策和资金支持，加快推进 3G 和光纤宽带网络发展，扩大覆盖范围；争取到 2015 年末，城市家庭带宽达到 20M 以上，农村家庭达到 4M 以上，东部发达地区的省会城市家庭达到 100M。国家对宽带战略的重视，将为整个视听媒体的发展，提供良好的基础设施服务。

其次，要不断推进技术资本的引进。一方面网络建设需要高额投入。无论是移动电信的 3G 网络建设，还是广电的 CMMB 网络建设，都需要大规模的投资，而且这种投资需要长期的积累；另一方面，运营主体在技术开发方面，前期也要投入巨大的资金。如上海百事通，技术服务部分剥离出来，形成新的市场主体，并实施股权多元化，包括寻求上市融资，解决新媒体技术研发前期投入与设备投入的风险问题。如百事通引进了战略投资者清华同方

---

① 《国家宽带战略曙光初现，政策利好激活发展潜能》http://www.c114.net/topic/3394/a682149.html

等企业的参与，增强了新媒体运营的活力。因此，这种运营模式应该受到鼓励与支持。

（二）技术规制方面：技术监管平台搭建＋技术标准难统一

首先，技术的发展，一是形成了对原有规制体系的挑战，二是为原有规制体系升级提供技术支撑。国家在鼓励新媒体技术发展的同时，也在利用新媒体技术加强对视听媒体的规制。相关的规制部门主要有广电总局互联网视听节目传播监管中心、工信部的信息安全管理中心、国务院新闻办的舆情分析中心、国家互联网信息办公室以及各运营主体。

对于封闭性网络的视听媒体，规制机构一般采用搭建集成播控平台的形式，对媒体进行规制。以 IPTV 为例，其集成播控平台实行两级架构。中央设立 IPTV 集成播控总平台，地方设立集成播控分平台，总平台与分平台采用统一设计开发的软件系统、统一的 BOSS 管理系统、计费管理系统和 EPG 管理系统，按照统一品牌、统一呼号、统一规划、统一洽谈、分级运营的原则，分级运营管理 IPTV 集成播控总平台和分平台，以此确保内容安全。

对于公网的视听媒体，当前从技术上已经能够解决对网络传播视听节目的监管问题，全国互联网视听节目监管系统于 2006 年初已经建立并运行，该系统负责对境内上百万个网站的监管。目前，现有的监管系统已经能够实现对境内未经审批擅自开办视听节目的网站进行搜索，确定视听节目地址，对涉嫌违规的视听节目进行下载和取证；对已经审批的视听节目网站进行备案登记，对其传播的视听节目内容进行监控；对影响较大的重点视听节目网站进行重点监控，掌握网站访问量排名和热点节目传播情况。

其次，国家规制机构也非常重视技术标准的统一。技术标准是指对重复性的技术事物和概念在一定范围内所做的统一规定。某种意义上，谁掌握了标准的制定权，谁就在一定程度上掌握了技术和经济竞争的主动权。以 2007—2007 年手机电视标准之争为例：

2006 年 3—4 月，国家广电总局连续发出两道"规范令"，强调在没有统一的技术标准前，各地暂停进行移动多媒体广播试验，使在此之前北京、上海、广东等地广电部门所运作的 DMB 或 DVB-T 技术手机电视，在完成初期网络建设和试验后，只能无奈退出市场；2006 年 10 月，国家广电总局将 CMMB 确定为我国移动多媒体广播（手机电视）的广电行业标准。这说明广电避开手机电视国标征集，主攻商业应用；2007 年 1 月，国标委开始征集手机电视国标，收到电信系统的三个方案，T-MMB，DMB-TH 和 CMB，而广电则退出国标征集。

而工信部对系统内的手机电视 3G 标准也作出了技术标准统一。2006 年 1 月 20 日，信息产业部将第三代移动通信（3G）"中国标准" TD-SCDMA 公布为中国通信行业标准；2007 年 5 月 16 日，信息产业部又公布，WCDMA 和 CDMA2000 这两个国际 3G 标准为我国通信行业标准。

　　由此，国际电信联盟确定的三大 3G 标准都已成为我国通信行业标准。技术标准难统一，在投入产业运营时，统一标准的缺失给产业链的发展带来了各种不确定性，阻碍了良性的产业生态体系的形成。同时，行业性标准没有上升为国家标准，也影响我国视听媒体技术标准在国际上的竞争力。

参考文献

[1]王述祖.经济全球化与文化全球化：历史的思考与求证[M].天津：南开大学出版社，2019.

[2][美]詹姆斯·凯瑞.丁未译.作为文化的传播[M].北京：华夏出版社，2005.

[3][英]戴维·莫利.凯文·罗宾斯.认同的空间——全球媒介、电视世界景观与文化边界[M].司艳，译.南京：南京大学出版社，2003.

[4][法]爱弥儿·涂尔干.宗教生活的基本形式[M].渠乐，等译.上海：上海人民出版社，2006.

[5]陆扬.王毅.大众文化与传媒[M].上海：上海三联书店，2000.

[6][法]居伊·德波.景观社会[M].王昭凤，译.南京：南京大学出版社，2006.

[7][美]约翰·费斯克.王晓珏.理解大众文化[M].宋伟杰，译.北京：中央编译出版社，2001.

[8]周宪.刘康.中国当代传媒文化研究[M].北京：北京大学出版社，2011.

[9]陈龙.在媒介与大众之间：电视文化论[M].上海：学林出版社，2001.

[10]黄会林.尹鸿.当代中国大众文化研究[M].北京：北京师范大学出版社，1998.

[11]陈旭光.影视受众心理研究[M].北京：北京师范大学出版社，2010.

[12]林丹娅.当代中国女性文学史论[M].厦门：厦门大学出版社，2003.

[13][法]福柯.杜小真译.福柯集[M].上海：上海远东出版社，1998.

[14]崔保国.技术创新与媒介变革[M].南京：南京师范大学出版社.1999.

[15][美]托马斯·鲍德温，史蒂文森·麦克沃依，查尔斯·斯坦菲尔德.大汇流——整合媒介信息与传播[M].龙耘，官希明，译.北京：华夏出版社，2000.

[16]宫承波.新媒体概论（第二版）[M].北京：中国广播电视出版社，2011.

[17][美]约翰·帕夫利克.新媒体技术：文化和商业前景（第二版）[M].周

勇，张平峰，译 . 北京：清华大学出版社，2005.

[18]李丹丹 . 手机新媒体概论 [M]. 北京：中国电影出版社，2010.

[19]陶丹，张浩达 . 新媒体与网络传播 [M]. 北京：社会出版社，2001.

[20]匡文波 . 新媒体概论 [M]. 北京：中国人民大学出版社，2012.

[21]张国良 . 新媒体与社会变革 [M]. 上海：上海人民出版社，2009.

[22]陆地，高菲 . 新媒体的强制性传播研究 [M]. 北京：人民出版社，2010.

[23]郭庆光 . 传播学教程 [M]. 北京：中国人民大学出版社，1999.

[24]匡文波 . 手机媒体概论（第二版）[M]. 北京：中国人民大学出版社，
2012.

[25]虢亚冰，黄升民，王兰柱 . 中国数字新媒体发展报告 [M]. 北京：中国传
媒大学出版社，2006.

[26][美]E. 拉兹洛 . 决定命运的选择 [M]. 李吟波等，译 . 上海：上海三联书
店，1997.

[27]万小广 . 媒体融合新论 [M]. 北京：新华出版社，2015.

[28]付晓光 . 互联网思维下的媒体融合 [M]. 北京：中国传媒大学出版社，
2017.

[29]汤晓芳 . 大数据时代——媒体广告经营模式融合与嬗变 [M]. 南昌：江西
人民出版社，2016.

[30]郭乐天 . 蝶变：温州都市报媒体融合故事 [M]. 北京：新华出版社，2017.

[31]许正林 . 媒体融合时代的新闻传播教育 [M]. 上海：上海交通大学出版社，
2015.

[32]新华社新媒体中心 . 中国新兴媒体融合发展报告（2014—2015）[M]. 北
京：新华出版社，2015.

[33]周志平 . 媒体融合背景下数字内容产业创新发展研究 [M]. 杭州：浙江工
商大学出版社，2015.

[34]杨继红 . 新媒体融合与数字电视 [M]. 北京：清华大学出版社，2008.

[35]李黎丹 . 发展中国家电视媒体全球化路径研究 [M]. 北京：中国传媒大学
出版社，2012.

[36]罗小萍 . 媒体融合时代新闻编辑研究 [M]. 成都：四川大学出版社，2006.

[37]周逵 . 融合与重构：中国广电媒体发展新道路 [M]. 北京：中国传媒大学
出版社，2017.

[38]潘力，陈前 . 融合与变革：新媒体时代中国交通广播转型之路（2006—
2011）[M]. 北京：中国传媒大学出版社，2012.

[39]傅玉辉 . 大媒体产业：从媒介融合到产业融合——中美电信业和传媒业关

系研究 [M]. 北京：中国广播电视出版社，2008.

[40]黎斌. 电视融合变革——新媒体时代传统电视的转型之路 [M]. 北京：中国国际广播出版社，2011.

[41]韦博荣，朴大志，张乃谦. 地面数字电视与移动多媒体广播 [M]. 北京：中国传媒大学出版社，2015.

[42]梁骞. 广播电视数字新媒体技术 [M]. 赤峰：内蒙古科学技术出版社，2015.

[43]周勇. 路径与抉择：主流电视媒体网络视听信息发展战略 [M]. 北京：中国传媒大学出版社，2013.

[44]田智辉. 新媒体传播：基于用户制作内容的研究 [M]. 北京：中国传媒大学出版社，2008.

[45][美]E. 博登海默. 法理学：法律哲学与法律方法 [M]. 邓正来，译. 北京：中国政法大学出版社，1999.

[46]张贤明. 论政治责任——民主理论的一个视角 [M]. 长春：吉林大学出版社，2000.

[47]亚里士多德. 政治学 [M]. 吴寿彭，译. 北京：中国人民出版社，2008.

[48]王彩波. 西方政治思想史——从柏拉图到约翰·密尔 [M]. 北京：中国社会科学出版社，2004.

[49][美] 埃瑟·戴森 .2.0 版数字化时代的生活设计 [M]. 胡泳，译. 海口：海南出版社，1998.

[50]严三九. 新媒体概论 [M]. 北京：化学工业出版社，2011.

[51]钟瑛，刘瑛. 中国互联网管理与体制创新 [M]. 广州：南方日报出版社，2006.

[52]吴廷俊，钟瑛，刘静. 网络传播法制与伦理 [M]. 武汉：武汉大学出版社，2006.

[53]彭兰. 中国网络媒体的第一个十年 [M]. 北京：清华大学出版社，2005.

[54]姜进章. 新媒体管理 [M]. 上海：上海交通大学出版社，2012.

[55]田智辉. 新媒体传播——基于用户制作内容的研究 [M]. 北京：中国传媒大学出版社，2008.

[56][法] 弗兰西斯·巴尔、杰拉尔·埃梅里. 新媒体 [M]. 张学信，译. 北京：商务印书馆，2005.

[57][美] 斯蒂夫·琼斯. 新媒体百科全书 [M]. 熊澄宇、范红译. 北京：清华大学出版社，2007.

[58][意] 玛格赫丽塔·帕加尼. 多媒体与互动数字电视——把握数字融合所

创造的机会 [M]. 罗晓军，等译. 北京：人民邮电出版社，2006.

[59][美] 唐纳德 M·吉尔摩. 美国大众传播法：判例评析 [M]. 梁宁，等译. 北京：清华大学出版社，2002.

[60][美] 塔瑟尔. 数字权益管理——传媒与娱乐中数字作品的保护与盈利 [M]. 王栋，译. 北京：人民邮电出版社，2009.

[61]唐建英. 博弈与平衡：网络音视频服务的规制研究 [M]. 北京：中国广播电视出版社，2011 年

[62]刘起林."艺人历史剧"特征及其两面性——评当下"戏说剧"的审美形态 [J]. 文艺争鸣，2010（7）:39.

[63]孔朝蓬. 穿越的梦想与历史的沉思——穿越题材电视剧热播后的冷思考 [J]. 中国广播电视学刊，2011（4）：57.

[64]熊澄宇，廖毅文. 新媒体——伊拉克战争中的达摩克利斯之剑 [J]. 中国记者，2003（5）.

[65]喻国明. 解读新媒体的几个关键词 [J]. 广告大观（媒介版），2006（5）.

[66]赵水忠. 世界各国互联网管理一览 [J]. 中国电子与网络出版，2002（10）.

[67]李骏. 论我国新媒体舆论监督的兴起与改进措施 [J]. 浙江大学学报：人文社会科学版，2011（7）.

[68]郭晓云. 手机媒体化引发的社会问题思考 [J]. 改革与开放，2009（7）.

[69]王欢，张静. 手机媒体发布政府信息的权威性研究 [J]. 北京邮电大学学报（社会科学版），2011（2）.

[70]刘正荣. 认识新媒体 [J]. 中国记者，2007（3）.

[71]赵春丽. 新媒体时代政府社会管理思维的新转变 [J]. 社会主义研究，2012（1）.

[72]王敏，覃军. 网络社会政府危机信息传播管理的困境与对策 [J]. 当代世界与社会主义，2012（1）.

[73]王中云. 博客的自我表现意识与传播伦理规范——大众博客时代的自律与他律 [J]. 新闻界，2006（5）.

[74]龙洪波. 我国互联网信息管理研究 [D]. 武汉：华中科技大学，2005.

[75]王静静. 从美国政府的互联网管理看其对中国的借鉴 [D]. 武汉：华中科技大学，2006.

[76]钱伟刚. 网络媒体的发展与规制 [D]. 杭州：浙江大学，2004.

[77]温静. 德国保护青少年的网络媒体法制 [D]. 上海：上海交通大学，2010.

[78]周珊珊. 我国网络实名制发展状况研究 [D]. 武汉：华中科技大学，2011.

[79]李文洁. 论"翻墙"现象与中国的网络监管 [D]. 北京：中国社会科学院，

2011.

[80]苏璐佳.新媒体与社会信息化的相互影响分析[D].成都：成都理工大学，
    2012.

[81]潘向.新媒体把关人的转换与定位研究[D].杭州：浙江师范大学，2009.

[82]范磊.新媒体环境下的政府信息公开研究[D].合肥：安徽大学，2010.

[83]刘晓.新媒体下的舆论引导策略研究[D].合肥：安徽大学，2012.

[84]樊宇.大数据时代，你准备好了吗[N].中国证券报，2013-03-30：Z08.

[85]吴文科.为文化娱乐三辩，误将通俗当低俗[N].人民日报.2010-10-14.

[86]Sunny.大数据的力量：印度《真相访谈》成功背后[DB/OL].[2012-07-13].
    http://cloud.yesky.com/137/33313637.shtml.

[87]推动传统媒体和新兴媒体融合发展[EB/OL].人民网.[2014-07-18].http://
    media.people.com.cn/GB/22114/387950/

[88]雅楠.大数据时代的"爆发"论：上帝从不掷骰子[DB/OL].[2012-09-11].
    https://tech.sina.com.cn/zl/post/detail/2012-09-11/pid_7603490.htm